JB PASQUALINI &
ALESSANDRA LEITE
PASQUALINI

# 1001 COISAS PARA FAZER ANTES DO CASAMENTO MORRER

ubook ubk Publishing House

COORDENAÇÃO Alessandra Brito
EDIÇÃO Ana Paula Pinho
COPIDESQUE Anna Carolina Guimarães
REVISÃO Kaio Rodrigues e Débora Ferreira
PROJETO GRÁFICO Nathália de Morais
CAPA Leandro Schuques, Manoel Menezes e Bruno Santos
IMAGENS DA CAPA miakievy/iStock by Getty Images

Dados Internacionais de Catalogação na Publicação (CIP)
(Câmara Brasileira do Livro, SP, Brasil)

Pasqualini, JB
1001 coisas para fazer antes do casamento morrer/JB Pasqualini & Alessandra Leite Pasqualini. – 1. ed. – Rio de Janeiro: Ubook Editora, 2021.

ISBN 978-65-5875-129-8

1. Aconselhamento conjugal 2. Autoajuda 3. Casais - Relacionamento 4. Casais - Relações interpessoais 5. Casamento 6. Casamento (Psicologia) 7. Vida familiar I. Pasqualini, Alessandra Leite. II. Título.

21-60276 CDD-646.78

**Ubook Editora S.A**
Av. das Américas, 500, Bloco 12, Salas 303/304,
Barra da Tijuca, Rio de Janeiro/RJ.
Cep.: 22.640-100
Tel.: (21) 3570-8150

# SUMÁRIO

# INTRODUÇÃO

O casamento é uma jornada que o casal percorre durante toda a vida. Para muitos, isso significa, literalmente, "até que a morte os separe". É um relacionamento excepcional que, de acordo com muitos conselheiros, constitui o convívio mais complexo que um ser humano pode ter em sua existência.

Todos os casais têm frustrações nas expectativas, o que é perfeitamente normal e significa que estão partilhando uma vida. Esses desencantos não colocam em perigo a relação, desde que sejam enfrentados de maneira inteligente e com boa comunicação. Algumas delas podem, inclusive, fazer o casal se aproximar ainda mais, fortalecendo a relação. O segredo aqui é saber gerenciar cada situação e decidir a melhor maneira de solucioná-la.

A vida a dois é cheia de nuances, tonalidades e desafios. São momentos em que podem acontecer grandes alegrias e realizações, mas que também podem trazer episódios tristes e decepções. O lar tem sido a estrutura básica da sociedade desde que Deus criou e instituiu o primeiro casal. Nessa jornada a dois, o mais importante é não ter medo de se entregar, de compartilhar, de ter a liberdade de ir e vir e de amar. O casal tem que sentir a leveza da relação com o coração, amar o outro como sendo sua extensão. Pode até chorar e sofrer, mas tem que sorrir e amar sempre, procurar se sentir no outro e sentir o outro em você.

A partir do momento que decidimos viver com outra pessoa e compartilhar o mesmo teto, não tem mais o "meu" ou o "seu", e sim o "nosso". Começa uma nova vida, e vocês passam a falar sobre o nosso espaço, o nosso mundo, o nosso sonho, a nossa vida, o nosso lar, o nosso amor. Desde então, é importante olhar para a pessoa amada e se orgulhar do sucesso dela e se fortalecer na dor e no fracasso. Ambos precisam estar juntos e se apoiar em qualquer circunstância.

É necessário saber, porém, que haverá obstáculos que precisarão ser enfrentados com paciência, compreensão, otimismo e determinação. Não acreditamos na existência de uma fórmula pronta ou de um passe de mágica para se ter um relacionamento ideal. No entanto, após muitos anos de aconselhamento para casais, eu e minha esposa cremos que existem muitas maneiras para se salvar um casamento em crise, ou mesmo para tornar ainda melhor um casamento que já está indo muito bem. Não há nada tão bom que não possa melhorar. Por esse motivo, decidimos reunir neste livro 1001 dicas e sugestões que pesquisamos ao longo de nossa vida a dois. É possível que você e seu cônjuge vivam um casamento muito feliz, e estamos aqui para ajudá-los a aproveitar ainda mais esta caminhada rumo à felicidade.

Reunimos ao longo do livro conselhos para todas as áreas da vida de um casal, seja financeira, social, sexual, espiritual ou profissional; além disso, oferecemos dicas de viagens, entretenimento, festas, lazer, mídias digitais, filmes, brincadeiras, culinária, filhos, diversões e muito mais...

Este é um livro para ficar na cabeceira da cama do casal, para que todos os dias vocês possam dar uma espiada em um trecho ou frase interessante. Em alguns momentos, será muito divertido; em outros, mais sério. Mas uma coisa nós garantimos: seu casamento nunca mais será o mesmo após esta leitura.

Não há nada que seja impraticável nos conselhos e ponderações fornecidos nas próximas páginas. Nossa maior motivação é deixar claro que vale a pena investir no casamento, pois o retorno é garantido e trará um grau de felicidade imensurável para seu relacionamento.

Para ajudá-los a percorrer este livro, colocamos as frases e ensinamentos dispostos em formato de checklist para vocês assinalarem cada dica, sugestão e conselho executado no dia a dia. Dessa maneira, é possível acrescentar algo novo no relacionamento todos os dias, para que assim consigam, efetivamente, praticar as ideias compartilhadas ao longo destas páginas.

OS AUTORES

*"O amor é um desafio constante. Não é um lugar de descanso, mas de movimento, crescimento e trabalho em conjunto. Mesmo que haja harmonia ou conflito, alegria ou tristeza, isso é secundário diante do fato fundamental de que dois seres se experimentam desde a essência da sua existência, que estão comprometidos com o relacionamento e não estão juntos para fugir de si mesmos."*

— ERICH FROMM

# AVISOS IMPORTANTES PARA A SAÚDE DO CASAL

## PARA OS HOMENS

O câncer de próstata é o segundo mais comum entre os homens. Sua prevenção é de extrema importância, já que esse tipo de câncer, quando diagnosticado em fase precoce, apresenta grandes chances de cura. Toda forma de precaução deve se transformar em rotina a ser seguida. A prevenção ainda é a melhor estratégia contra esse mal.

Os homens devem se conscientizar sobre a importância de manter uma rotina de consultas com o urologista — especialista que vai avaliar o paciente regularmente —, a curva dos resultados do Antígeno Prostático Específico (ou PSA) e as alterações no exame físico da próstata. O toque retal é um exame simples, rápido e indolor realizado pelo médico urologista. Durante o atendimento, é possível avaliar o tamanho da próstata, sua consistência e superfície e a presença ou não de nódulos. Converse com seu médico; vergonha é não se prevenir!

## PARA AS MULHERES

O câncer de mama é o tipo mais comum entre as mulheres; apesar de também acometer homens, isso só ocorre em cerca de 1% dos casos. O câncer de mama tem cura, e seu diagnóstico precoce pode salvar vidas. Aprenda a fazer do autoexame dos seios uma rotina: caso identifique nódulos, alteração da pele das mamas, mamilos ou secreção, procure imediatamente seu médico ginecologista ou mastologista.

Celebre a vida conhecendo seu corpo e suas particularidades. Mas atenção: só o autoexame não basta. A partir dos quarenta anos, deve-se fazer uma mamografia anual, sempre sob supervisão de um médico. Conhecer o próprio corpo, manter hábitos de autocuidado e contar com a ajuda de especialistas é o conjunto ideal para garantir uma vida mais saudável. Câncer de mama diagnosticado a tempo tem cura; a prevenção é o melhor caminho!

☐ PRATICAR A ESPIRITUALIDADE JUNTO COM SEU CÔNJUGE.

O casal que ora junto frutifica seus talentos e se revigora espiritualmente. Praticar a espiritualidade todos os dias, em união, fortalecerá a parceria de vocês de maneira fabulosa. Orem pelo seu casamento, pelos seus filhos e por todas as áreas de sua vida, pedindo sempre que Deus os ajude a serem melhores parceiros um para o outro.

☐ TOMAR BANHO JUNTO COM O PAR.

Além do aspecto sexual, tomar banho com seu amor tem grandes benefícios para o relacionamento em geral. Um banho a dois aproxima o casal, promovendo uma maior aceitação do corpo. Além disso, mostra cumplicidade, é sexy, melhora a comunicação, o romantismo e ainda aumenta a confiança.

O contato físico e a temperatura da água podem proporcionar intensos momentos de diversão e prazer. A exposição do corpo, totalmente nu e geralmente sob uma luz bem mais clara, tende a demonstrar um nível elevado de confiança entre o casal, pois a aceitação e o respeito entre vocês revelam-se mais nítidos e claros.

O ato de tomar banho juntos prova que não há nada a esconder e que vocês confiam seus momentos íntimos um ao outro. O banho a dois é uma ótima preliminar para o casal que está prestes a iniciar uma relação sexual. O momento pode ser usado para toques e beijos mais ousados, e nele os movimentos poderão ser extravasados e curtidos de uma forma mais livre e até mesmo descontraída.

☐ COMPRAR FLORES PARA SUA ALMA GÊMEA.

Surpreenda seu parceiro ou parceira com flores, mesmo quando não há um motivo especial. Afinal, nada é mais belo que dizer: "estive pensando em você."

☐ MASSAGEAR TODO CORPO DA PESSOA AMADA COM UM ÓLEO ESPECIAL.

Fazer uma massagem relaxante no seu amor pode mudar o relacionamento, ainda mais quando a relação parece ter caído na rotina. Pense nisso como um momento romântico e especial para ser desfrutado a dois. Se você pensa que precisa de muita habilidade para fazer uma massagem inesquecível no seu cônjuge, está muito enganado. Bastam alguns conhecimentos básicos sobre o assunto e, é claro, a vontade de experimentar. Melhore seu relacionamento amoroso fazendo uso do toque.

☐ IR PESCAR COM SEU AMOR, MESMO QUE VOCÊ NÃO GOSTE DA ATIVIDADE.

Se o seu par gosta de um hobby que você realmente não tem muita afinidade, faça o seguinte: primeiro, encontre algo positivo para desfrutar em conjunto; em seguida, disponha-se a ajudar, respeite o tempo e o gosto do outro e ainda dê um jeito de aproveitar tudo isso ao lado dele.

☐ ELOGIAR SEU CÔNJUGE PELO QUE ELE FEZ.

Os elogios mostram que você se importa de verdade com quem está ao seu lado, levando a uma melhor conexão emocional e ao aumento considerável de humor e otimismo em geral. Elogiar seu parceiro dará ao relacionamento muito mais vida e paixão. Isso é uma das coisas mais importantes para fazer ao seu cônjuge, porque você está afirmando que a pessoa é amada, e que ninguém em sua vida é mais importante do que ela. Por menor que seja, o elogio terá resultados magníficos em seu relacionamento.

☐ COMPARTILHAR COM SEU AMOR AS SENHAS DE CELULAR, COMPUTADOR, BANCO...

O casamento não permite segredos e esconderijos. Vale a pena lembrar que a base de toda relação amorosa e harmônica precisa ser a confiança. Seguindo essa premissa, a vida de um casal deve ser uma espécie de livro aberto, o que inclui a liberdade de acesso, por parte do cônjuge às suas redes sociais, ao seu WhatsApp, à conta do banco, entre outros... Os que fazem isso, além de desenvolverem um relacionamento transparente, protegem a relação impedindo contatos, fotos e imagens que não glorificam a Deus.

☐ DIVIDIR AS TAREFAS DE CASA COM O CÔNJUGE.

Coloquem os aventais, as luvas e mãos à obra! Vocês vão amar acordar juntos em um final de semana e começar a limpar a casa. Isso une o casal e melhora muito o relacionamento. Será uma prova de amor saber que podem contar um com o outro em todos os momentos da vida a dois. Dividam entre vocês todas as tarefas domésticas.

☐ EXECUTAR DIFERENTES POSIÇÕES SEXUAIS COM SUA ALMA GÊMEA.

Sexo é a forma deixada por Deus para expressar o mais alto grau de intimidade entre os casais, uma prova de amor puro, saudável e prazeroso, e o resultado de algo que é bom e aprovado por Ele. Vocês vão ficar encantados ao ler "*Cantares de Salomão*" e ver como

Deus mostra a inspiração e o prazer sexual dentro do casamento. Os cônjuges devem se celebrar sexualmente e sem limites quanto à exploração benéfica de seus corpos, toques, apegos e lugares, proporcionando-lhes o prazer de um sexo sem deturpação e excessos, mas permitindo tudo o quanto estiverem em acordo.

LER CONTEÚDOS VOLTADOS PARA ESPIRITUALIDADE, TAIS COMO A BÍBLIA E OUTROS LIVROS E MATERIAIS.
Ao estudarem esses assuntos, vocês cultivarão a espiritualidade como casal e, com o tempo, colherão um casamento mais pacífico e gratificante. Deus garante que o ser humano irá colher aquilo que plantar. Anote duas ou três qualidades de seu cônjuge que você mais admira, para que, na próxima vez que forem estudar esses conteúdos, possam falar de assuntos espirituais relacionados a essas qualidades.

DESENVOLVER A HABILIDADE DE IDENTIFICAR OS PROBLEMAS E SOLUCIONÁ-LOS ENTRE OS DOIS. ISSO DEMONSTRA INTELIGÊNCIA E MATURIDADE.

ABRAÇAR SEU CÔNJUGE POR ALGUNS MINUTOS SEM DIZER NADA.
O abraço é uma das formas mais eficazes de oferecer segurança e conforto ao seu par. Esse contato é um modo excelente de demonstrar que a pessoa que está com você é amada. Experimente chegar em casa e dar um longo abraço no seu parceiro.

Abraçar é um gesto de carinho com grande poder terapêutico, capaz de relaxar e acalmar seu cônjuge, especialmente em um momento em que ele esteja se sentindo triste. Os abraços foram feitos para expressar o que as palavras não conseguem transmitir. Quando não tiver nada para falar, apenas abrace. Haverá muitos momentos em que seu amor precisará apenas de um longo abraço. Não lhe negue esse prazer compartilhado.

### PERDOAR A PESSOA AMADA.

Perdoar é uma escolha sua; não seja forçado a fazê-lo. Esse gesto, porém, permite a você superar sentimentos como raiva, amargura e vingança, além de curar feridas espirituais e trazer a paz e o amor que só Deus pode lhe conceder. Todo pecado tem sua consequência. Contudo, você deve perdoar seu cônjuge porque o perdão gera cura e restauração. Se ambos se esforçarem para alcançar e viver o perdão na vida a dois, muitas bênçãos virão para a manutenção da família, que é aquilo que de fato nos traz felicidade verdadeira e duradoura.

### O CASAL DEVE RIR MUITO E TER BOM HUMOR.

Casais que riem juntos são mais felizes e têm mais chance de manter uma relação duradoura. Os parceiros que se alegram mais juntos tendem a ter relacionamentos mais prazerosos. Uma pessoa bem-humorada sofre menos e é mais feliz, porque produz mais endorfina, um hormônio que relaxa e aumenta a tendência de ter bom humor. Desta forma, quanto mais alegre você está, maior é sua disposição. Bom para você, melhor ainda para seu cônjuge, porque o bom humor é contagiante.

Quando alguém dá uma boa gargalhada, queremos logo saber qual o motivo e ficamos com vontade de rir junto. É que sorrir torna a vida mais leve, e faz o mesmo com os relacionamentos. Aliás, a leveza é um dos primeiros impactos positivos que o bom humor proporciona em uma relação a dois. Um alerta, porém: ter bom humor não significa ser inconveniente e buscar graça onde não existe.

☐ O CASAL DEVE COZINHAR JUNTO.

O ato de preparar os alimentos e comer juntos estreita os laços entre os dois. Atividade prazerosa, simples e gostosa, cozinhar traz à tona o senso de colaboração que é tão importante na vida a dois. É algo que deixa um cheiro gostoso no ambiente e ajuda a criar um senso de família.

☐ CRER JUNTOS QUE NÃO HÁ MAIS CONDENAÇÃO, SEJA NO PASSADO, NO PRESENTE OU NO FUTURO, PARA AQUELE QUE ESTÁ E VIVE EM JESUS CRISTO.

☐ EVITAR INTIMIDADE DEMAIS COM OUTRA PESSOA QUE NÃO SEJA SEU CÔNJUGE.

É possível que você tenha um amigo ou uma amiga que realmente lhe entende. Vocês conseguem conversar sobre qualquer coisa e têm muita intimidade. "Somos apenas amigos", você pensa. Mas se o seu cônjuge ouvisse essas conversas demoradas com essa pessoa do sexo oposto, será que não iria pensar assim: "hummm... são apenas amigos, sei..."? Cuidado! Essa amizade já ficou íntima até demais. Você precisa fazer alguma coisa. Descubra o quanto antes a razão de ter deixado isso acontecer. E, depois, o melhor mesmo é cair fora!

☐ LEMBRAR SEMPRE DOS VOTOS QUE FIZERAM: "NA ALEGRIA E NA TRISTEZA; NA SAÚDE E NA DOENÇA; NA RIQUEZA E NA POBREZA."

☐ DEMONSTRAR UM AO OUTRO TOLERÂNCIA COM OS PROBLEMAS E PERMANECER SOSSEGADOS NAS ADVERSIDADES, ESPERANDO COM PACIÊNCIA DEUS DECRETAR O FIM DO PERÍODO DE DURAS PROVAS, SEMPRE SABENDO QUE DEPOIS TUDO FICARÁ BEM.

*"Conheça todas as teorias, domine todas as técnicas, mas ao tocar uma alma humana, seja apenas outra alma humana."*

— CARL JUNG

CONJUGAR E PRATICAR TODOS OS DIAS, JUNTOS, OS VERBOS: *RIR, RESPEITAR, DESEJAR, DIVIDIR, SUPERAR, MIMAR* E *ADMIRAR*.

ADQUIRIR HABILIDADE PARA LIDAR COM DIVERGÊNCIAS SEM DESTRUIR SEU CÔNJUGE E, AO MESMO TEMPO, SEM "ENGOLIR SAPOS".

LEMBRAR JUNTOS O QUE FEZ VOCÊ SE APAIXONAR PELO SEU CÔNJUGE.

Passe um tempo com seu amor para vocês lembrarem juntos de como se conheceram e de todas as fases do namoro até o casamento. Se houver um álbum de recordações ou um diário, folheie-os. Feche os olhos e reviva as datas memoráveis. Reflita sobre o que fez você amar essa pessoa.

LEMBREM-SE SEMPRE DE QUE O CASAMENTO É LUGAR PARA A FÉ, PARA O ROMANCE, PARA A ADMIRAÇÃO E PARA O ACOLHIMENTO.

VIVER COM SEU CÔNJUGE É SEMPRE UM PROCESSO DE MELHORIA, PASSANDO DA ROCHA BRUTA PARA A PEDRA PRECIOSA E VIVENDO UMA BUSCA CONTÍNUA EM UM TRABALHO ININTERRUPTO DE MUITA PACIÊNCIA, DETERMINAÇÃO E AMOR.

A riqueza do diamante está em seu brilho. Essa beleza é tão gritante que ofusca nossos olhos. Na vida a dois também é assim. A cada situação, partilha e diferença, vamos nos deparando com a nossa humanidade, tão sedenta em dar e receber amor. Portanto, é preciso que o casal vá se lapidando, a ponto de cada um mostrar a beleza e a riqueza que traz em si. É uma verdadeira luta ir se deparando com as suas limitações e deixar-se mostrar ao outro na sua essência.

Muitas vezes, neste exercício de descobertas, sofremos, choramos... Mas o brilho vai aparecendo. Daí, vamos realizando estes desejos tão imprescindíveis para o ser humano: amar e ser amado.

JOGAR VIDEOGAME COM O SEU CÔNJUGE.
Casais que jogam videogame juntos estão mais preparados para os desafios e tribulações do relacionamento, pois dividem o mesmo tempo e atenção entre a pessoa amada e os games. Uma das chaves para um relacionamento duradouro pode ser simplesmente passar um bom tempo em uma atividade na qual o casal se diverte junto. É extremamente benéfico para a relação, porque promove uma aproximação, ajuda a refinar a capacidade de resolver problemas juntos e, o mais importante, traz diversão e entretenimento para o dia a dia do casal. E os videogames são uma ótima maneira de conseguir tudo isso!

DESCOBRIR O VALOR DO CASAL E A MISSÃO DE VOCÊS NESTE MUNDO FARÁ COM QUE, JUNTOS, SEJAM LIVRES PARA EXPERIMENTAR COMO É BOM VIVER A DOIS.

PARAR DE TENTAR LER A MENTE DO OUTRO PARA ADIVINHAR O QUE ELE ESTÁ PENSANDO, FAZENDO CONJECTURAS PRECIPITADAS.

ACEITAR QUE A PESSOA COM QUEM VOCÊ SE CASOU TEM SEUS PRÓPRIOS SENTIMENTOS, DESEJOS E NECESSIDADES. TUDO ISSO DEVE SER RESPEITADO, POIS MANTERÁ OS DOIS NO CAMINHO CORRETO.

- [ ] USAR OS DESENTENDIMENTOS PARA DEIXAR A RELAÇÃO MAIS REDONDA, PARA QUE OS ACORDOS SE RENOVEM E PARA QUE UM PASSE A CONHECER MELHOR O OUTRO, DESCOBRINDO CAMINHOS ALTERNATIVOS QUE POSSAM FORTALECER A RELAÇÃO.

- [ ] FORMAR ALIANÇAS AMISTOSAS COM QUEM POSSUI UM PROPÓSITO ALINHADO COM O DE VOCÊS. EM HARMONIA, AJUDEM-SE EM SEUS DESÍGNIOS.

- [ ] MANTER A MENTE DE VOCÊS ABSOLUTAMENTE FECHADA PARA PESSOAS E CIRCUNSTÂNCIAS QUE, COM INTENÇÃO OU NÃO, CHEGAM COM INFLUÊNCIAS NEGATIVAS QUE VÃO DE ENCONTRO A SEUS PROPÓSITOS.

- [ ] COMPRAR OU PEDIR EMPRESTADO UMA PISCINA INFANTIL BARATA, PREENCHER COM SAIS DE BANHO, ACENDER VELAS, COLOCAR UMA MÚSICA ROMÂNTICA E TER UMA NOITE DE SPA IMPROVISADO NO QUINTAL.

- [ ] FAZER O QUARTO DE VOCÊS SE PARECER COM UM QUARTO DE HOTEL.

Coloquem balas ou bombons nos travesseiros e empilhem toalhas felpudas e cheirosas. Consigam papéis de carta e caneta e escrevam um ao outro mensagens de amor. Um balde de gelo com uma deliciosa bebida e um "não perturbe" pendurado do lado de fora da porta completam o cenário.

- [ ] CHAMAR SEU PAR DE PRÍNCIPE OU DE PRINCESA.

Princesa: significa "você é a única dona do meu coração."
Príncipe: significa "me sinto segura e muito amada ao seu lado."

☐ O CASAL DEVE COLOCAR SEMPRE UMA MÚSICA ESPECIAL E ROMÂNTICA NA HORA DE FAZER AMOR.

☐ O CASAL DEVE COLOCAR VELAS AROMÁTICAS NO QUARTO E PREPARAR TODO O AMBIENTE ANTES DE TER RELAÇÕES SEXUAIS.

☐ ABUSAR DAS PRELIMINARES NA HORA DE FAZER AMOR.
As preliminares são atos sexuais que antecedem o sexo propriamente dito e que preparam todo o clima para a hora H. Elas são fundamentais, dentre outros motivos, para que as mulheres entrem mais rapidamente no clima, pois normalmente elas levam um tempinho a mais que os homens.

Esses carinhos acabam funcionando como um despertar para cada célula do corpo, um aviso do que está prestes a acontecer. Quanto mais carinho e carícias, mais intimidade, mais envolvimento, mais desejo e mais resposta corporal a esses estímulos. Além disso, adiar a penetração ajuda a diminuir a ansiedade e o nervosismo, que são muito comuns em homens com problemas de ereção e de ejaculação precoce.

Durante as preliminares, o corpo todo está à disposição do imaginário erótico. É durante esse momento que os instintos e os sentidos devem ser provocados ao máximo para preparar biologicamente o corpo para a relação, através da produção e da liberação dos hormônios. A testosterona, fundamental para o ato sexual, tanto em homens como em mulheres, é responsável pelo desejo. O estrógeno, hormônio feminino, encarrega-se da lubrificação das mucosas e do relaxamento dos músculos vaginais. A adrenalina e a noradrenalina são responsáveis pela sensação de êxtase e felicidade que mantém o casal unido em um mesmo objetivo do início ao fim da relação sexual: dar e sentir prazer.

As preliminares funcionam como um termômetro, medindo quanto e o que cada um espera daquele ato. Em uma relação a dois, é natural que eventualmente um queira algo e outro não. Conceder tempo e dedicação às preliminares é, também, uma forma de convencer um ao outro a se entregar a um momento amoroso ou mais íntimo. É através dos toques e da estimulação dos sentidos que ambos podem se mostrar ficando dispostos à entrega e ao prazer que vem dela. O bom é que as preliminares estão aí para colocar os dois na mesma sintonia. Deixem a imaginação fluir.

## MASTURBAR SEU CÔNJUGE.

Masturbar seu amor apimenta a relação, cria cumplicidade, ajuda no autoconhecimento e descomplica o sexo do casal. Estimular-se com o seu companheiro pode ser uma maneira de encontrar novas formas de prazer e cumplicidade na cama. Uma brincadeira pode se tornar uma preliminar ou, se assim desejarem, pode ser o ato principal de uma noite a dois.

Esse é um modo fácil e acessível de fugir da rotina sem a necessidade de fantasias elaboradas. É preciso alimentar o desejo no relacionamento de vocês. As sensações causadas pela masturbação são uma caixinha de surpresas. Fazer isso em dupla pode representar diversão dobrada, já que é uma boa oportunidade para sair da receita de todos os dias e ajuda a conhecer mais o corpo do seu cônjuge.

O autoconhecimento simplifica o sexo, porque torna mais fácil um contar para o outro como sente prazer. A masturbação em dupla também pode ajudar a descobrir mais o corpo do seu cônjuge. É uma boa hora para explorar zonas erógenas que não se conseguiria estimular durante o sexo com penetração. Você dedica mais tempo à sensibilidade do outro e é uma troca de carinho muito intensa e satisfatória.

- [ ] FAZER AMOR EM LUGARES DIFERENTES, EXPLORANDO TODAS AS DEPENDÊNCIAS DO LAR, SEMPRE COM MODERAÇÃO E COM MUITO CUIDADO, TENDO CERTEZA DE QUE A PRIVACIDADE DOS DOIS ESTÁ GARANTIDA.

- [ ] FAZER AMOR COM SEU CÔNJUGE NO ESCRITÓRIO.

- [ ] FAZER AMOR COM SEU CÔNJUGE NO CAMPO.

- [ ] É IMPORTANTE O CASAL SE PROGRAMAR PARA FAZER AMOR REGULARMENTE.

- [ ] LAMBUZAR O CORPO DO CÔNJUGE COM CHANTILLY E LAMBER DEVAGARZINHO FARÁ VOCÊS SENTIREM E ENTENDEREM O REAL SIGNIFICADO DO PRAZER.

*"Os que desprezam os pequenos acontecimentos nunca farão grandes descobertas. Pequenos momentos mudam grandes rotas."*

— AUGUSTO CURY

- [ ] O CASAL DEVE LER E APLICAR JUNTO OS ENSINAMENTOS DO "*CANTARES DE SALOMÃO*"; AÍ ESTÁ O MAPA DA MINA DE OURO!

- [ ] DORMIR JUNTINHOS DE CONCHINHA, ABRAÇADINHOS E AGARRADINHOS.

- [ ] FAZER JUNTOS UM *STRIPTEASE*: DE UM PARA O OUTRO.

Dar uma apimentadinha na hora de fazer amor é sempre bom. Tanto o homem quanto a mulher podem fazer uma demonstração de ir tirando suas roupas bem devagar. Isso com certeza deixará a pessoa amada muito excitada. Decidam: primeiro um faz, depois o outro, e na hora H os dois estarão superprontos. Isso fará com que o relacionamento fique cada vez melhor.

- [ ] PERGUNTAR AO SEU CÔNJUGE O QUE GOSTA E COMO DESEJA QUE SEJA FEITO O SEXO NAQUELA HORA.

- [ ] CONTAR HISTÓRIAS E FANTASIAS PARA A PESSOA AMADA, ENQUANTO ESTÃO APIMENTANDO A RELAÇÃO SEXUAL.

- [ ] FAZER CARÍCIAS UM NO OUTRO POR UM LONGO TEMPO ANTES DO ATO SEXUAL PROPRIAMENTE DITO.

- [ ] CHEGAR AO CLÍMAX JUNTO COM SEU CÔNJUGE.

Atingir o orgasmo ao mesmo tempo que o parceiro é o sonho dourado de todo casal durante o sexo. A ideia é sinalizar ao cônjuge que está prestes a chegar ao clímax e, então, estimular o outro a alcançar também. Isso exige dedicação e até certo esforço para chegar a esse patamar incrível da vida amorosa. Às vezes, dá para segurar um pouco o orgasmo para gozar junto com a pessoa amada.

Quando há essa sintonia entre os dois, os benefícios chegam na relação sexual do casal, pois assim será bem mais fácil para o par obter orgasmos intensos e simultâneos, tendo em vista que a harmonia se torna perfeita. Quando esse momento chega, a relação muda para melhor, tornando o relacionamento incrivelmente fantástico.

DORMIR JUNTINHOS EM UMA REDE AO AR LIVRE.

DIZER AO CÔNJUGE O QUANTO ELE ESTÁ SEXY.

FAZER AMOR EM UMA PRAIA DESERTA.

Aproveitar uma praia deserta para fazer sexo ao ar livre povoa o imaginário dos casais. Sexo na praia é possível, desde que sejam tomados alguns cuidados. Um deles é se precaver para fazer a aventura sem ferir a lei contra o atentado ao pudor. Para isso, vocês podem, por exemplo, acampar em uma praia deserta e segura. Durante a noite, com a praia vazia, aumentam as chances de vocês estarem sozinhos para o ato. Estarão somente vocês, sob o céu estrelado e com as ondas batendo em seus corpos. Existem muitas opções de praias particulares e ilhas. Preocupem-se sempre em inovar no amor, mas sem correr riscos e sem exposição.

NADAR NUS, JUNTOS, EM UMA PISCINA PARTICULAR.

FAZER AMOR EM UM TAPETE EM FRENTE À LAREIRA.

Há muito glamour e romantismo quando o casal se aconchega diante de uma lareira, em um dia bem friozinho, para conversar, namorar e viajar pela imaginação e sonhos dos dois.

- [ ] FICAR ABRAÇADOS E EM SILÊNCIO APÓS FAZER AMOR.

O casal inteligente sabe o momento de deixar o abraço falar, um beijo falar, um carinho falar, os olhos falarem... Enfim, de vez em quando, deixe suas atitudes falarem por você.

- [ ] O CASAL DEVE ASSISTIR A FILMES E SÉRIES JUNTOS.

Casais que assistem a séries e filmes unidos permanecem unidos. Parceiros que acompanham séries, filmes e até compartilham livros são mais felizes. Isso acontece porque a sensação de proximidade é semelhante a estar no mesmo grupo de amigos. Essas experiências criam um sentimento de identidade comum, que ajuda o par a se sentir mais conectado. Compartilhar mais mídia com o cônjuge é associado com maiores sentimentos de proximidade e compromisso. Toda vez que você sentir o desejo de "maratonar" uma série ou ver algum filme, não se esqueça de convidar o cônjuge para dividir o sofá com você.

- [ ] VOLTAR AOS TEMPOS DA INFÂNCIA E, COM ALEGRIA, BRINCAR DE SOLTAR PIPAS JUNTOS NA PRAIA.



- [ ] PARTICIPAR JUNTOS DE ESTUDOS PARA O DESENVOLVIMENTO DA ÁREA ESPIRITUAL, MUITO IMPORTANTE PARA O FORTALECIMENTO DO RELACIONAMENTO CONJUGAL.

- [ ] ASSISTIR JUNTOS AO FILME *NÃO É TARDE PARA RECOMEÇAR* (2010).

- [ ] ASSISTIR JUNTOS AO FILME *EU & VOCÊ, NÓS PARA SEMPRE...* (2008).

ASSISTIR JUNTOS AO FILME *AS ESTRELAS ME MOSTRAM VOCÊ* (2008).

ASSISTIR JUNTOS AO FILME *O PEREGRINO — UMA JORNADA PARA O CÉU* (2008).

ASSISTIR JUNTOS AO FILME *A BELA E A FERA* (1991).

ASSISTIR JUNTOS AO FILME *PONTO DE DECISÃO* (2009).

ASSISTIR JUNTOS AO FILME *DOZE É DEMAIS* (2003).

ASSISTIR JUNTOS AO FILME *O LIVRO DE RUTE — UMA JORNADA DE AMOR* (2009).

ASSISTIR JUNTOS AO FILME *UP — ALTAS AVENTURAS* (2009).

ASSISTIR JUNTOS AO FILME *O DIÁRIO DE UMA PAIXÃO* (2004).

ASSISTIR JUNTOS AO FILME *UM PORTO SEGURO* (2013).

ASSISTIR JUNTOS AO FILME *UMA CARTA DE AMOR* (1999).

ASSISTIR JUNTOS AO FILME *DIVERTIDA MENTE* (2015).

ASSISTIR JUNTOS AO FILME *QUARTO DE GUERRA* (2015).

ASSISTIR JUNTOS AO FILME *CORAJOSOS* (2011).

ASSISTIR JUNTOS AO FILME *O OUTRO LADO DO CÉU* (2001).

☐ ASSISTIR JUNTOS AO FILME *O FAZENDEIRO DE DEUS* (2006).

☐ ASSISTIR JUNTOS AO FILME *EM DEFESA DE CRISTO* (2017).

☐ ASSISTIR JUNTOS AO FILME *DINHEIRO NÃO É TUDO* (2012).

☐ ASSISTIR JUNTOS AO FILME *MILAGRES DO PARAÍSO* (2016).

☐ ASSISTIR JUNTOS AO FILME *DEUS NÃO ESTÁ MORTO* 1 (2014) E 2 (2016).

☐ ASSISTIR JUNTOS AO FILME *PERDÃO* (2014).

☐ ASSISTIR JUNTOS AO FILME *QUESTÃO DE ESCOLHA* (2014).

☐ ASSISTIR JUNTOS AO FILME *POR QUE EU, SENHOR?* (2012).

☐ ASSISTIR JUNTOS AO FILME *O TOQUE* (2005).

☐ ASSISTIR JUNTOS AO FILME *JOHNNY — TODOS TÊM UMA MISSÃO ESPECIAL* (2010).

☐ ASSISTIR JUNTOS AO FILME *A CABANA* (2017).

☐ ASSISTIR JUNTOS AO FILME *AMOR SEM LIMITES* (2009).

☐ ASSISTIR JUNTOS AO FILME *UM SONHO POSSÍVEL* (2009).

☐ ASSISTIR JUNTOS AO FILME *DE VOLTA PARA CASA* (2017).

ASSISTIR JUNTOS AO FILME DO CASAMENTO DE VOCÊS.

IR AO CINEMA ASSISTIR AO FILME PREFERIDO DO CÔNJUGE.

FAZER UMA SUPERFESTA DE ANIVERSÁRIO PARA SEU AMOR.
O aniversário da pessoa amada é uma oportunidade maravilhosa de demonstrar amor e gratidão por tudo o que ela representa em sua vida. Celebre o aniversário do seu cônjuge de maneira criativa e inesquecível. Dê asas à sua imaginação.

O CASAL DEVE TER A EXPERIÊNCIA DE ANDAR JUNTOS DE METRÔ EM SEUS PASSEIOS E VIAGENS PELO MUNDO AFORA.

ENVELHECER JUNTOS, CUIDANDO UM DO OUTRO.
O amor maduro, aquele que nos permite envelhecer juntos, é cultivado, aprendido e experimentado dia após dia. Porque nesse tipo de amor o indivíduo cresce como pessoa e o relacionamento constitui um espaço de aprendizado e experiências, uma oportunidade para desenvolver os laços afetivos e aceitar as fraquezas. Caminhar de mãos dadas com um amor maduro abre as portas para o autoconhecimento e a empatia pelo outro. Dessa forma, desenvolve as nossas habilidades sociais e nos predispõe ao aperfeiçoamento afetivo e social.

Existem casais que permanecem juntos a vida inteira. O segredo deles está no relacionamento; eles certamente cultivam a cumplicidade, tendo cuidado mútuo e grande afeição. A vida como casal é um longo caminho a ser percorrido, com altos e baixos. É claro que não é isenta de obstáculos, mas também apresenta grandes satisfações. É um caminho que só poderá ser percorrido quando as duas partes concordam e decidem percorrê-lo.

Não se esqueçam de que, ao longo do tempo, não muda apenas o corpo e a aparência física, mas o amor e os sentimentos evoluem e isso implica aceitar o outro como ele é. Aqueles que já viveram juntos por anos sabem que o modo como demonstravam o amor no início do relacionamento não é o mesmo no momento presente. É nesse instante que ocorre o reencontro do casal. Como agora há mais tempo livre, essa circunstância, quando bem explorada, pode se tornar uma oportunidade para desfrutar do companheiro e dos passatempos comuns. Deixem a imaginação fluir e façam desse momento o melhor de suas vidas.

☐ COLOCAR A FOTO DO CASAL NOS PERFIS DE SUAS REDES SOCIAIS.

O casal que está satisfeito e comprometido com o relacionamento a dois deve postar uma foto junto com a pessoa amada nos perfis de suas redes sociais. Isso demonstra companheirismo e não individualidade. É, também, uma forma de assegurar sua autoestima, exibindo um relacionamento sério e uma parceria sólida.

☐ ASSISTIR JUNTOS A UMA ORQUESTRA SINFÔNICA.

☐ AMAR JUNTOS — EM PRIMEIRO LUGAR A DEUS, E AS DEMAIS COISAS VOS SERÃO ACRESCENTADAS.

☐ ENCOMENDAR UMA HISTÓRIA EM QUADRINHOS NA QUAL VOCÊS SÃO OS PERSONAGENS.

☐ AJUDAR OS PAIS DO CÔNJUGE A REALIZAR UM SONHO.

ACEITAR OS CONSELHOS DO CÔNJUGE.

FAZER JUNTOS UMA SESSÃO DE FOTOS EM UM ESTÚDIO PROFISSIONAL.

ABRAÇAR, ABRAÇAR, ABRAÇAR SEMPRE UM AO OUTRO.

*"Violência gera violência; os fracos julgam e condenam, porém os fortes perdoam e compreendem."*

— AUGUSTO CURY

- CUMPRIR AS PROMESSAS FEITAS NO ALTAR NO DIA DO CASAMENTO.
- VIVER JUNTOS SEMPRE EM COMUM ACORDO.
- CRER JUNTOS NAS PROMESSAS DO SENHOR.
- AMAR O CÔNJUGE COMO A SI MESMO.
- JUNTOS, BUSCAR DEUS EM ORAÇÃO.
- CRER QUE SE CASARAM PARA SEREM UM SÓ.

Compartilhar a vida não é só estar junto fisicamente, mas é a união de almas. É conversar intimamente, é mergulhar no outro, conhecer seus medos, anseios, fraquezas, forças e desejos. É a cada dia conhecer mais e mais a complexa e deslumbrante pessoa com quem você fez uma aliança inquebrável. Em que o egoísmo de cada um sofre um forte golpe; ele não morre, mas deve ficar em coma.

O seu dinheiro passa a ser o nosso dinheiro; o seu sonho agora é o nosso sonho; a sua liberdade se torna a nossa liberdade; o seu bem-estar passa a ser o nosso bem-estar; as suas dívidas são as nossas dívidas; enfim, a sua felicidade é substituída pela nossa felicidade.

Esse é um processo que se concretiza a cada dia. Assim que o casal estabelece a aliança do casamento, Deus já os vê como uma só carne. Portanto, cabe ao esposo e à esposa cumprirem seus papéis, de forma que o mundo não consiga ver um sem se lembrar do outro.

RESPEITAR O CORPO UM DO OUTRO.

Cada um de vocês passou por momentos diferenciados em sua vida, experiências únicas, e, querendo ou não, tudo isso vem junto no pacote para o relacionamento a dois. Alguns conseguem enxergar a linha de até onde podem ir, quais atitudes tomar com seu amor e balancear o relacionamento. É muito importante um não avançar o sinal do outro. É necessário conversar abertamente sobre tudo e descobrir juntos até onde podem avançar. Tudo é possível se em comum acordo. Aprenda a renunciar a algumas coisas para conquistar outras. Com isso vocês conseguirão manter um relacionamento saudável.

COLOCAR-SE À DISPOSIÇÃO DO CÔNJUGE. É MUITO IMPORTANTE A PESSOA AMADA SABER QUE PODE CONTAR COM VOCÊ EM TODAS AS SITUAÇÕES.

RESPEITAR AS DIFERENÇAS UM DO OUTRO.

USAR AS DIFERENÇAS QUE CADA UM TEM PARA POTENCIALIZAR O CASAMENTO, NÃO PARA DESTRUÍ-LO.

Não existem pessoas iguais. Se existissem, seríamos como robôs que agem de maneira igual e ordenada; tudo ficaria sem graça e sem cor. É por esse motivo que todas as diferenças são inevitáveis e surgem em diversas áreas. Elas podem ser culturais, de valores, de opinião, de hábito e assim por diante. Em relação aos casais, a aceitação das diferenças pode ser o primeiro passo para um futuro promissor no relacionamento. Essas diferenças sempre existiram entre os cônjuges e superá-las é o grande desafio da vida em comum.

Em um relacionamento, as diferenças — quando bem trabalhadas — tornam tudo mais interessante e enriquecedor, além de manter sempre acesa a chama do amor. As novidades que vêm das diferenças entre um e outro são o combustível para que sempre haja interesse mútuo. As diferenças não são barreiras, mas sim riquezas. Por isso, o casal precisa ver as diferenças de temperamentos, como riquezas. E elas só podem se tornar riquezas se sairmos de nós mesmos para nos colocarmos no lugar do outro, procurando entender suas motivações.

O segredo, portanto, está em procurar pelas riquezas que a pessoa traz em si, aceitar sem exigir mudança do outro, buscando enxergar os acontecimentos por meio do ponto de vista do par, saindo de si mesmo. É necessário abrir mão daquilo que trazemos de figura idealizada para que possamos nos encontrar com a riqueza que é o outro. E, assim, seguir essa viagem a dois com mais leveza, tranquilidade e paz.

- CRER JUNTOS QUE O CASAMENTO É UMA INSTITUIÇÃO SAGRADA PARA DEUS.

- SEGUIR JUNTOS O PADRÃO DE DEUS PARA O LAR DE VOCÊS.

- ATACAR JUNTOS O PROBLEMA, E NÃO UM AO OUTRO.

- COMUNICAR-SE UM COM O OUTRO SEM SOBERBA.

- JUNTOS, ESVAZIAREM-SE DAS COISAS DO MUNDO E ENCHEREM-SE DAS COISAS DE DEUS.

- MANTER O CÁLICE DO AMOR TRANSBORDANDO NO CASAMENTO.

- FAZER, COM AMOR, SOLICITAÇÕES E NÃO IMPOSIÇÕES.

- [ ] RESOLVER AS INCOMPATIBILIDADES QUE GERAM TENSÕES CONJUGAIS.

- [ ] CRIAR JUNTOS A MATURIDADE DE COMPREENDER E SE FAZER COMPREENDIDO.

- [ ] AMAR O CÔNJUGE NA LINGUAGEM QUE ELE CONSEGUE COMPREENDER.

- [ ] ENTENDER JUNTOS QUE A FAMÍLIA NASCEU NO CORAÇÃO DE DEUS.

- [ ] DISCORDAR FAZ PARTE, MAS É PRECISO EVITAR BRIGAS COM SEU AMOR.

Não transformem suas divergências em brigas. Quando não puderem evitar o embate, dialoguem de forma construtiva. É comum em um relacionamento a dois o choque de opiniões, e existem formas saudáveis de se resolver essas situações. Cada pessoa tem uma história de vida única e individual. Essa história de vida direciona a forma como as pessoas percebem as coisas e as situações. É por isso que elas possuem visões diferentes de uma mesma situação. Entender esse princípio é fundamental para apoiar o cônjuge, mesmo quando você não concordar com as atitudes dele.

O importante é ajudar o amor a compreender que existem alternativas melhores para resolver as questões. Seja humilde e reserve a si mesmo o direito de mudar de ideia. Lembre-se que recuar não é sinal de fraqueza e sim de superação. Tente enxergar a situação por meio da perspectiva do seu cônjuge. Busque entender o motivo pelo qual ele vê as coisas dessa forma e não de outra, e aceite as limitações da visão dele ou da sua.

Ame seu parceiro incondicionalmente; lembre-se dos seus votos matrimoniais e das qualidades que admira em seu cônjuge. Se você se concentrar nesses quesitos será mais fácil compreender suas necessidades, além, também, de colocá-las como prioridade. Recorde-se sempre: você não vai mudar seu cônjuge, mas com certeza juntos poderão buscar o equilíbrio de uma linda vida a dois. Entendam que o casamento é uma viagem em dupla, a qual vocês começaram juntos e devem terminá-la juntos.

- [ ] ABANDONAR A RAZÃO EM PROL DA FELICIDADE DO CASAL.

- [ ] ESTAR JUNTOS DENTRO DA VONTADE E DOS PRINCÍPIOS DE DEUS.

- [ ] APRENDER JUNTOS A FAZER INVESTIMENTOS SÁBIOS NO REINO DE DEUS, COM BOA VONTADE, NÃO POR OBRIGAÇÃO.

- [ ] RECONHECER JUNTOS QUE DEUS É CAPAZ DE SUPRIR A FALTA DE DINHEIRO QUANDO ELA OCORRER.

- [ ] APAIXONAR-SE E CASAR-SE COM A MESMA PESSOA TODOS OS DIAS.

- [ ] ALIMENTAR JUNTOS O CORPO, A ALMA E O ESPÍRITO.

- [ ] ABSOLVER A PESSOA AMADA DE QUALQUER CONDENAÇÃO.

- [ ] SER SEGURO DE SI EXCITA O CÔNJUGE.

ACORDAR PELA MANHÃ E FAZER AMOR COM O CÔNJUGE DE CONCHINHA.

O sexo matinal é uma deliciosa e prazerosa maneira de começar muito bem o dia. Acordem um pouquinho antes do horário habitual e com carinho um vai animando o outro. Não existe melhor forma de iniciar o dia, pois fazendo amor logo pela manhã, o organismo libera a ocitocina, hormônio que promove sensação de aconchego e faz vocês se sentirem mais amados e conectados um com outro. Tudo isso faz muito bem para a saúde.

Transar com seu amor logo de manhã também fortalece o sistema imunológico, aumentando os níveis dos anticorpos, protegendo seu organismo. Isso porque, após horas de sono e descanso, os níveis de testosterona dos homens são mais altos, o que garante mais energia, o desempenho vai ser muito melhor e vai durar muito mais. O sexo matinal traz benefícios físicos e emocionais, além de aumentar o nível de felicidade entre você e seu par. Deixe a preguiça de lado e se renda ao "rala e rola" de manhã cedinho. Isso irá proporcionar mais saúde, felicidade e humor para seu dia.

TER BOAS ATITUDES JUNTOS TRARÁ LUCRO EMOCIONAL AO CASAL.

O casal inteligente busca sempre o equilíbrio emocional, mudando as atitudes quando se fizer necessário. Gentileza, generosidade e atenção estão entre as principais atitudes que o casal pode trazer para um relacionamento de sucesso. Um dos principais fatores para o êxito desta jornada a dois é a profunda amizade existente entre vocês, contemplada de respeito mútuo e prazer na companhia um do outro. Mostre empatia, saiba ouvir, reduza a tensão, seja capaz de se tranquilizar e acalmar a pessoa amada. Isso fará com que vocês resolvam com inteligência as suas divergências, tornando a vida a dois muito mais prazerosa.

CUIDAR DE VOCÊ E DA SUA SAÚDE, PARA TER SEMPRE CONDIÇÕES DE CUIDAR DO SEU CÔNJUGE.

ABDICAR-SE, QUANDO NECESSÁRIO, DA QUANTIDADE DE BENS PARA TER MAIS QUALIDADE DE VIDA. ISSO É SINAL DE INTELIGÊNCIA EMOCIONAL E FINANCEIRA.

O CASAL DEVE VIAJAR JUNTO, UM NA IMAGINAÇÃO DO OUTRO, VOANDO COMO ÁGUIAS, PENSANDO ALTO, PARA SEMPRE ATINGIREM OS OBJETIVOS DESEJADOS.

TRATAR O CIÚME ANTES QUE ELE PROVOQUE O TOTAL DESINTERESSE DE UM PELO OUTRO.

Antes de tudo, é preciso saber que o ciúme é um sentimento normal, que entra em ação quando nossos relacionamentos estão em jogo. Também é considerado normal haver certas doses de insegurança no que diz respeito ao outro, principalmente no início do relacionamento. Mas estabelecidos os acordos de confiança e respeito, esses sentimentos tendem a perder força com o passar do tempo.

Em alguns casos, a insegurança e o ciúme podem atingir proporções exageradas e até patológicas. Por esse motivo, é muito importante saber diferenciar uma situação ocasional e moderada, de sintomas relacionados com o amor obsessivo e o ciúme patológico. Nesses casos, o medo e a insegurança são causados por uma ameaça desconhecida, ou mesmo inexistente. O ciúme doentio faz a pessoa desenvolver uma série de pensamentos e sentimentos negativos. Isso acaba privando o outro de sua liberdade e sua privacidade, passando a ser controlado de forma exagerada.

É preciso, então, atenção para entender as causas da insegurança e do ciúme. Muitas vezes, alguma situação pode levar a pessoa a uma crise. Mas, quando isso acontece por fatores indeterminados, pode indicar uma condição que requer cuidados. A terapia de casal pode ser uma boa opção para quem precisa lidar com a insegurança e o ciúme. Um profissional irá mediar as conversas para que os parceiros encontrem formas de amenizar os conflitos que ocorrem devido à falta de confiança ou ciúme exagerado. Também pode ser recomendado um atendimento individual, para que os parceiros investiguem as razões do medo que essas emoções provocam. E isso ajuda a entender como esses sentimentos se instalaram no cotidiano, indo a fundo nas relações afetivas anteriores ao relacionamento em questão.

Conhecer esses sentimentos irá proporcionar maior autoconhecimento. Ele possibilita identificar os padrões de comportamento, assim como os gatilhos que desencadeiam a insegurança e o ciúme em uma relação a dois. O ciúme, às vezes, é saudável, mas domá-lo é fundamental. O velho e bom diálogo ajuda nos momentos em que o ciúme for inevitável. Se existir conversa e confiança, existirá liberdade individual. Você tem mil motivos para desconfiar, mas confie antes. E, com o tempo, você vai perceber como a maioria das cismas e suspeitas não existem, e que fazem apenas parte da sua imaginação.

- [ ] SEGUIR NA MESMA DIREÇÃO E BEBER JUNTOS DA FONTE DO AMOR QUE EMANA DE DEUS.

- [ ] O CASAL DEVE SE ADEQUAR AO TEMPERAMENTO UM DO OUTRO, TORNANDO-SE UMA PARCERIA MAIS PREVISÍVEL.

Comece analisando se o cônjuge é uma pessoa difícil, ou alguém que pensa e age de forma diferente. Uma pessoa difícil é aquela que mantém um desânimo constante, inclusive com todas as pessoas que se aproximam dela. É uma pessoa mal-humorada, deprimida e pessimista que contamina o ambiente por onde passa. É preciso avaliar, ainda, se o par é ou não uma pessoa petulante. Esse tipo de pessoa veste a máscara da superioridade, é o dono da verdade; em sua prepotência, trata todos com desdém.

Não é fácil conviver com alguém de temperamento difícil. Antes de cair em desespero, o melhor é aprender a lidar com a personalidade do cônjuge. Em um momento mais calmo e propício, proponha acordos; você pode dizer que está muito difícil e quer encontrar, juntamente com ele, uma forma de abrandar o mal-estar que tem se formado no lar de vocês. Diga o quanto deseja manter a harmonia e, para tanto, esclareça seus limites. Você deve começar dizendo, por exemplo, que não consegue mais lidar com alguma situação, mas é imprescindível que fale de forma clara e objetiva.

É preciso ter muita habilidade para não parecer simplesmente uma ameaça, mas também é essencial ser assertivo; suas palavras não podem cair no vazio. Isso não pode ser feito de qualquer jeito, muito menos com cobranças que só provocariam mais brigas. Você precisa escolher um momento em que estejam ambos calmos e, então, falar de seus sentimentos em relação ao temperamento de seu amor. Também é preciso se dispor a ouvir como seu parceiro se sente, porque é muito importante que o outro reconheça suas dificuldades; afinal esse é o primeiro passo para a mudança necessária.

É preciso ter muita paciência para não se deixar levar pelo momento ou pelas palavras do cônjuge quando ele demonstrar desequilíbrio. Procure uma maneira de agir que não insufle ainda mais os ânimos. Uma pessoa temperamental não é necessariamente uma pessoa ruim. Muitas vezes é uma pessoa que está passando por uma crise existencial — ou algum outro problema psicológico — e, mais do que nunca, precisa de muito amor, carinho e atenção para abrandar o coração.

Promova as mudanças necessárias no convívio com o parceiro, mas jamais se esqueça de acrescentar afeto e determinação em suas ações. Entenda que a pessoa amada está precisando de ajuda. É necessário que vocês encontrem a solução juntos e assim terão um lindo casamento regado com muito amor e compreensão.

☐ O CASAL DEVE USAR O BOM SENSO PARA PERCEBER O QUE ESTÁ OCORRENDO NO CASAMENTO.

☐ ENCONTRAR JUNTOS O CAMINHO A SER LEVADO A SÉRIO SEM USAR MECANISMOS OU SUBTERFÚGIOS PARA ATINGIR O QUE QUER.

Uma vida a dois deve ser composta por duas pessoas emocionalmente equilibradas que desejam e se dedicam à harmonia e à felicidade na vida em comum. Para que esse equilíbrio possa ser alcançado, é preciso descobrir o que querem de si mesmo e do outro, o que são capazes de doar e renunciar em favor do casamento. Para alcançar um bom resultado, é preciso alguns ingredientes, tais como gratidão, cumplicidade, companheirismo, generosidade, carinho, admiração, paciência, respeito e tolerância. Você nasceu para ter o casamento perfeito, por isso ponha as mãos à obra e tudo dará certo.

☐ DEIXAR, EM COMUM ACORDO, QUE O CÔNJUGE QUE TIVER MAIS HABILIDADE ASSUMA AS FINANÇAS.

Quem cuida das contas em sua casa? Você ou seu parceiro? Saber lidar com as finanças é um fator de extrema importância para ter um relacionamento saudável; você já parou para pensar nisso? Pois bem, deixe essa parte com quem tem mais habilidade e gosta. Isso, porém, não deve implicar nas decisões, pois elas devem sempre ser tomadas em conjunto e em comum acordo.

Seja o marido ou a esposa, o que importa é que as decisões financeiras a serem tomadas devem ser bilaterais, sempre com a aprovação dos dois.

Também é importante que vocês mantenham a independência financeira, reservando uma parte do orçamento para gastos individuais. Assim, vocês evitarão frustrações e reduzirão as chances de conflito. É natural, às vezes, que os cônjuges gastem com alguma coisa sem precisar dar satisfação para o outro. Um casal maduro e inteligente sabe muito bem lidar com isso.

LEMBRAR JUNTOS O QUE FEZ VOCÊS SE APAIXONAREM UM PELO OUTRO.

Passe um tempo com seu cônjuge lembrando de como se conheceram, do seu namoro e do caminho até o casamento. Se houver um álbum de recordações ou diário, leia-os. Feche os olhos e reviva a data memorável. O que fez você amar essa pessoa?

*"Onde o amor impera, não há desejo de poder; e onde o poder predomina, há falta de amor. Um é a sombra do outro."*

— CARL JUNG

### CAMINHAR COM O CÔNJUGE.

Os benefícios podem ser maiores quando você caminha lado a lado com o parceiro. Em parte, isso acontece como resultado de passar um tempo juntos e compartilhar uma experiência agradável. Caminhar acompanhado aumenta a responsabilidade, fortalece seu relacionamento e é muito mais divertido, aumentando a probabilidade de você se manter firme no propósito de ter uma vida mais saudável. Caminhar libera, também, a adrenalina. Ela aumenta a frequência cardíaca, acelera a respiração e aumenta a pressão arterial.

Casais que se exercitam juntos, permanecem juntos. Caminhar traz muitos benefícios para a saúde; também pode resultar em uma melhor conexão e atração entre as pessoas. Os casais que caminham juntos têm mais satisfação em seus relacionamentos.

### TER UMA POUPANÇA CONJUNTA E OUTRA INDIVIDUAL.

É importante que cada um tenha sua individualidade e que possa dispor de uma quantia para gastar com seus próprios sonhos. Os cônjuges, porém, devem traçar planos financeiros em conjunto e entender que é necessário ter transparência em relação à renda e que a divisão das despesas precisa ser justa. O casal deve separar quantias iguais da renda total para realizar suas metas individuais e para o lazer a dois. O que sobrar vai para os planos a longo prazo e para a manutenção do lar.

### FAZER ALGO INESPERADO PARA CONQUISTAR AINDA MAIS O CÔNJUGE.

A surpresa promove uma sensação agradável tanto para quem faz, quanto para quem recebe. Surpresa é uma palavra tão gostosa! Só de falar já imaginamos algo inesperado, criativo, ou que dá um toque diferente à nossa vida. O sucesso de uma surpresa, além do acerto da escolha, será proporcional ao fato de que seu cônjuge realmente nem desconfie que você esteja preparando alguma coisa para ele. Receber algo simples de alguém que você gosta pode mostrar que aquela pessoa pensou em você e que você fez parte do dia dela. Essa é uma sensação indescritível, maravilhosa!

☐ TOMAR UM BANHO DE CHUVA JUNTOS.

Além de o casal ter a sensação de que voltou a ser criança, a chuva tem o poder de limpar a atmosfera, deixando-a mais leve e respirável. Quando chove, o ar melhora e, por consequência, nossa respiração também.

A chuva tem uma capacidade revitalizante, graças aos íons negativos que têm um impacto positivo na disposição das pessoas. Os íons negativos conseguem nos recuperar de sentimentos como tristeza e ansiedade, o que deixa as pessoas com humor melhor, uma mente mais aberta e até mais dispostas para as atividades físicas. Por ser pura, suave e natural, a água da chuva é também uma aliada da pele, deixando-a mais nutrida, limpa e saudável.

☐ SABER QUE SÃO AS DIFERENÇAS QUE FAZEM DE VOCÊS UM CASAL PERFEITO.

☐ DECIDIR, JUNTO COM O CÔNJUGE, O LIMITE ENTRE O QUE DEVE SER MANTIDO NA INTIMIDADE E O QUE PODE SER EXPOSTO NAS REDES SOCIAIS.

Como usar as redes sociais sem colocar em risco o casamento? Quando há cumplicidade, parceria e transparência, não sobra espaço para a dúvida. Não existe uma fórmula perfeita e pronta; assim, cabe a cada casal descobrir seu próprio modo de respeito e individualidade diante das redes sociais.

É importante destacar que, mesmo sendo um casal, cada um deve preservar sua individualidade e privacidade. Quando o casal percebe que cuidar de si é tão importante quanto cuidar do outro, a relação ganha força. Para evitar crises de ciúmes entre o casal e seus amigos virtuais, é bom evitar exposição excessiva nas redes sociais.

EVITAR ELOGIAR AMIGOS E AMIGAS DO CÔNJUGE, PRINCIPALMENTE QUANDO ESTIVEREM JUNTOS.

EVITAR FAZER DE SEU CASAMENTO UM VERDADEIRO REALITY SHOW NAS REDES SOCIAIS.

DE VEZ EM QUANDO É IMPORTANTE RENUNCIAR A ALGO, SE ACHAR QUE AQUILO QUE SEU CÔNJUGE DESEJA É MAIS IMPORTANTE.

APRENDER JUNTOS A EVITAR OS PROBLEMAS; ASSIM O CASAL NÃO VAI FICAR O TEMPO TODO CORRENDO ATRÁS PARA RESOLVÊ-LOS.

ANDAR JUNTOS NA FÉ, VENDO AS COISAS CELESTIAIS, CONTEMPLANDO AS REALIDADES ETERNAS E AS QUESTÕES MUNDANAS QUE NÃO DEVEM TER TANTO VALOR PARA VOCÊS.

EVITAR RADICALISMOS POLÍTICOS, MESMO QUE O CÔNJUGE TENHA POSIÇÕES DIVERGENTES.

☐ GERENCIAR JUNTOS AS FRUSTRAÇÕES E EXPECTATIVAS EM UMA RELAÇÃO A DOIS.

Todos os casais têm frustrações nas expectativas, o que é totalmente normal e significa que estão tendo uma vida juntos. Essas situações não colocam em perigo a relação quando são enfrentadas de forma inteligente e com boa comunicação. Pelo contrário, elas podem fazer o casal se aproximar ainda mais, fortalecendo a relação. O segredo aqui é saber gerenciar cada situação e decidir a melhor maneira para solucioná-la.

☐ MOSTRAR QUE SÃO CÔNJUGES INTELIGENTES E QUE SEMPRE DÃO UM JEITO DE FAZER AS PAZES.

☐ O CASAL DEVE EVITAR DISPUTAR UM CABO DE GUERRA EM QUE CADA UM PUXA PARA UM LADO. É NECESSÁRIO CAMINHAR NO MESMO SENTIDO.

Para tudo o que fizerem, dobrem a força e façam juntos. Assim o casamento fica muito mais leve e saudável.

☐ SABER QUE VOCÊS SÃO COMO UM QUEBRA-CABEÇA: CADA UM É A PEÇA QUE FALTA NO OUTRO.

☐ DECIDIR SEGUIR O MESMO CAMINHO E A MESMA DIREÇÃO.

☐ NÃO COMPARTILHAR OS PORMENORES DO RELACIONAMENTO DO CASAL NAS REDES SOCIAIS, EVITANDO BRIGAS.

☐ PARAR DE CHECAR AS REDES SOCIAIS EM SEU CELULAR ENQUANTO ESTIVER COM O CÔNJUGE; EM VEZ DISSO, USE ESTE TEMPO EXTRA PARA NAMORAR E SE CONECTAR UM COM O OUTRO.

☐ O CASAL DEVE SE PREOCUPAR MAIS COM O QUE SEU PAR POSTA, DO QUE COM O QUE AS OUTRAS PESSOAS POSTAM. O QUE A PESSOA AMADA FAZ ESTÁ EM PRIMEIRO LUGAR.

☐ ABENÇOAR O CÔNJUGE TODOS OS DIAS.

☐ ASSISTIR JUNTOS A UM CONCERTO MUSICAL.

☐ O CASAL DEVE PARTICIPAR DE EVENTOS QUE ENVOLVAM OS DOIS, COMO PALESTRAS E ENCONTROS.

☐ ACESSE DE MANEIRA MODERADA AS REDES SOCIAIS E CURTA MAIS O PARCEIRO AO VIVO!

☐ EVITAR A EXPOSIÇÃO DA VIDA DO CASAL NAS REDES SOCIAIS.

☐ SABER QUE AS REDES SOCIAIS PODEM APROXIMAR QUEM ESTÁ LONGE, MAS TAMBÉM PODEM AFASTAR QUEM ESTÁ AO NOSSO LADO.

☐ ESCOLHER O PÚBLICO PARA O QUAL O PAR VAI COMPARTILHAR SUAS INFORMAÇÕES E FOTOS PESSOAIS.

☐ PREENCHER JUNTOS OS CAMPOS DO PERFIL DO PARCEIRO QUE DIZEM RESPEITO AO STATUS DE RELACIONAMENTOS.

☐ RESPONDER AO CÔNJUGE IMEDIATAMENTE QUANDO RECEBER UMA MENSAGEM OU LIGAÇÃO TELEFÔNICA.

- [ ] COLOCAR NO PERFIL DA REDE SOCIAL QUE SÃO CASADOS OU QUE ESTÃO EM UM RELACIONAMENTO SÉRIO, PARA NÃO GERAR CIÚMES E FALTA DE CONFIANÇA.

- [ ] SER DISCRETO NAS REDES SOCIAIS; MANTER A PRIVACIDADE ENTRE OS DOIS PARA SEREM FELIZES.

- [ ] TER CUIDADO COM O QUE VOCÊS PUBLICAM. ÀS VEZES, UMA COISA BOBA PODE ADQUIRIR DIMENSÕES INIMAGINÁVEIS.

- [ ] SEPARAR MOMENTOS SÓ PARA VOCÊS DOIS, PARA VIVEREM E SE CONHECEREM MELHOR — E SEM PRECISAR DE TECNOLOGIA PARA ISSO.

- [ ] PERGUNTAR DIRETAMENTE PARA O PARCEIRO AO INVÉS DE REVIRAR O PERFIL DELE PARA DESCOBRIR O QUE LHE INTERESSA.

- [ ] FREQUENTAR UMA TERAPIA DE CASAIS PARA AUXILIAR VOCÊS CASO ESTEJAM PASSANDO POR DIFICULDADES DE COMUNICAÇÃO E QUEIRAM ENCONTRAR UMA SAÍDA PARA SALVAR O RELACIONAMENTO.

- [ ] MODERAR O QUE É PUBLICADO NAS REDES SOCIAIS. SUA VIDA É APENAS DO SEU INTERESSE; NÃO VIRE VITRINE PARA NINGUÉM.

- [ ] BLINDAR ATÉ ONDE A FAMÍLIA PODE PALPITAR. MUITOS CASAIS BRIGAM PORQUE ACABAM SENDO INFLUENCIADOS POR FAMILIARES.

O CASAL PRECISA ENTENDER QUE, NO RELACIONAMENTO A DOIS, NINGUÉM É O DONO DA SITUAÇÃO, E QUE AS OPINIÕES E DECISÕES DEVEM SER COMPARTILHADAS COM A PESSOA AMADA O TEMPO TODO.

VISUALIZAR A BRIGA, A DISCUSSÃO E O DESENTENDIMENTO DE UM PONTO DE VISTA TOTALMENTE DIFERENTE, PARA SE CHEGAR A UMA SOLUÇÃO MAIS RÁPIDA.

TOMAR AS DORES DO CÔNJUGE QUANDO ALGUÉM CRITICÁ-LO OU HUMILHÁ-LO. FICAR SEMPRE DO LADO DA PESSOA AMADA E DEFENDÊ-LA EM TODOS OS MOMENTOS.

SOLTAR PUM É UMA NECESSIDADE FISIOLÓGICA, MAS NÃO EXAGERE E TENHA DESCONFIÔMETRO. É MUITO IMPORTANTE PERCEBER SE VOCÊ ESTÁ SENDO INCONVENIENTE OU NÃO.

LEVANTAR UM BRINDE PARA SEU AMOR EM REUNIÃO FAMILIAR. HONRAR A PESSOA AMADA JUNTO AOS FAMILIARES. ISSO FORTALECERÁ O RELACIONAMENTO.

*"A reunião de duas personalidades é como o contato de duas substâncias químicas: se houver alguma reação, ambas são transformadas".*

— CARL JUNG

O CASAL VAI AMAR JOGAR *FRISBEE* NA PRAIA.

TRANSFORMAR UM MOMENTO DE TENSÃO E CONSTRANGIMENTO EM UMA OPORTUNIDADE AGRADÁVEL E DE RISADAS, FAZENDO UMA BRINCADEIRA E QUEBRANDO O GELO.

INVESTIR EM ÓTIMOS PERFUMES PARA SER UM CASAL PERFUMADO, CHEIROSO.

FAZER UMA DECLARAÇÃO DE AMOR PARA O CÔNJUGE NO MICROFONE DE UM ÔNIBUS DE EXCURSÃO.

APLAUDIR JUNTOS, DE PÉ, UM AO OUTRO. AS ESTRELAS MAIS IMPORTANTES DESSE RELACIONAMENTO SÃO VOCÊS DOIS.

FAZER UM POUCO DE POLÍTICA, NO SENTIDO DE SEREM BONS ARTICULADORES E NEGOCIADORES.

DAR NOTÍCIAS, LIGAR OU ENVIAR UMA MENSAGEM PARA O PARCEIRO DIZENDO QUE ESTÁ TUDO BEM, QUE VAI DEMORAR UM POUQUINHO PARA CHEGAR.

ESCOLHER JUNTOS PALAVRAS BONITAS QUE CAUSAM SORRISOS EM VEZ DE LÁGRIMAS.

ESTABELECER JUNTOS PLANOS A, B, C E D, VISANDO MELHORAR E SALVAR O CASAMENTO.

CONVERSAR COM A PESSOA AMADA A RESPEITO DA TPM, COMPREENDENDO O QUE DÁ CERTO E O QUE DÁ ERRADO NESTES MOMENTOS.

- [ ] OFERECER AMPARO UM AO OUTRO QUANDO UM DOS CÔNJUGES COMETER UM ERRO.

- [ ] PERGUNTAR PARA O PARCEIRO SE HÁ ALGO QUE VOCÊ POSSA FAZER PARA QUE ELE SE SINTA MAIS AMADO.

- [ ] BUSCAR O EQUILÍBRIO SEMPRE, EVITANDO CRIAR UMA TEMPESTADE EM COPO D'ÁGUA.

- [ ] USAR A ROUPA QUE SEU PAR LHE DEU, MESMO QUE VOCÊ NÃO GOSTE TANTO.

- [ ] DEIXAR SEU PARCEIRO EXTRAVASAR AS PALAVRAS, SEM JULGAMENTOS.

- [ ] OLHAR PARA O CÔNJUGE COM AQUELE OLHAR ESPECIAL, ENCANTADO, PAQUERANDO UM AO OUTRO.

- [ ] CULTIVAR AMIGOS INDIVIDUAIS, MAS COM MUITA SABEDORIA.

- [ ] MANTER JUNTOS O CASAMENTO BLINDADO.

- [ ] FAZER UMA DECLARAÇÃO DE AMOR PARA SEU PAR, NO MICROFONE DE UM RESTAURANTE COM SOM AO VIVO.

- [ ] VALORIZAR A PESSOA AMADA, CONFIAR NELA E PROTEGÊ-LA DE DIFAMAÇÕES DE PESSOAS INVEJOSAS DO RELACIONAMENTO DO CASAL.

Infelizmente, a felicidade e o amor de um casal provocam inveja e sentimentos negativos em muitas pessoas ao redor. A inveja é um problema real e prejudica muito mais os relacionamentos do que se imagina. Evite comentar sobre sua intimidade como casal com outras pessoas.

LEMBRAR SEMPRE QUE O CÔNJUGE É SEU MELHOR AMIGO, NÃO SEU INIMIGO.

ACEITAR AJUDA DO PARCEIRO, MESMO NAQUILO QUE VOCÊ NÃO GOSTARIA DE SER AJUDADO.

RECHEAR O CASAMENTO COM MUITA PAZ.

AGRADAR SEU AMOR, CULTIVANDO A SERENIDADE E A TRANQUILIDADE EM TODAS AS INSTÂNCIAS DA VIDA A DOIS.

INCENTIVAR A PESSOA AMADA A FAZER REGULARMENTE EXAMES MÉDICOS DE PREVENÇÃO.

TRATAR O CÔNJUGE COMO SEU TESOURO MAIS PRECIOSO, E NÃO COMO UM OBJETO QUE SE USA E JOGA FORA.

RESPEITAR SEU PAR COMO ALGUÉM SEMELHANTE A VOCÊ E QUE ESTÁ NO MESMO NÍVEL.

AGRADAR O AMADO SENDO ESPOSA/ESPOSO E NÃO UM SEGUNDO PAI OU SEGUNDA MÃE.

AJUDAR O PARCEIRO A IDENTIFICAR O SEU PROBLEMA.

- [ ] LEMBRAR SEMPRE O QUE SEU AMOR TEM DE TÃO MARCANTE QUE LHE FEZ DECIDIR CONSTRUIR A VIDA AO LADO DELE.

- [ ] AJUDAR O CÔNJUGE A COLOCAR OS LEMBRETES NO CELULAR (COM ALARME) DAS DATAS DE EVENTOS MAIS IMPORTANTES.

- [ ] BUSCAR UMA SOLUÇÃO PARA OS PROBLEMAS, SEMPRE COM DELICADEZA, DIÁLOGO, FÉ E OTIMISMO.

- [ ] MUITAS VEZES É MELHOR DEIXAR A RAZÃO DE LADO EM FAVOR DE UMA BOA RECONCILIAÇÃO DO CASAL.

Independente da situação, o importante é que um dos dois ceda primeiro, porque assim o outro acaba cedendo também. Abrir mão em prol de um ótimo relacionamento entre você e a pessoa amada nunca será perder, mas sempre será *ganhar*!

- [ ] DESCOBRIR ALGO NOVO SOBRE SEU PARCEIRO.

- [ ] ESTAR JUNTOS DENTRO DA VONTADE E DOS PRINCÍPIOS DE DEUS.

- [ ] SAIR DO PILOTO AUTOMÁTICO NO RELACIONAMENTO.

- [ ] DAR IMPORTÂNCIA ÀS PEQUENAS COISAS QUE O AMADO FAZ.

- [ ] LEMBRAR SEMPRE DE COMO O CÔNJUGE LHE FAZ BEM.

- [ ] COLOCAR UM CHOCOLATE COM UMA MENSAGEM PARA SEU AMOR.

CONQUISTAR JUNTO COM O CÔNJUGE MAIS AMOR, AMIZADE E CARINHO NO SEU CASAMENTO.

DAR MIMOS PARA A PESSOA AMADA ANTES DE SAIR DE CASA E UM BEIJINHO DE DESPEDIDA.

TER SEMPRE CONVERSAS AGRADÁVEIS, POSITIVAS E CATIVANTES.

DIVIDIR JUNTOS AS TAREFAS DA CASA E TORNAR O COTIDIANO MAIS LEVE E ORGANIZADO.

ADMINISTRAR BEM O TEMPO, POIS ASSIM O CASAL VAI NAMORAR MUITO MAIS.

ESQUECER POR UM DIA OS AFAZERES DO COTIDIANO E PASSAR A TARDE NAMORANDO.

DEIXAR O PARCEIRO DESCANSAR, PARA DEPOIS VOCÊS CONVERSAREM SOBRE OS ASSUNTOS DO DIA A DIA.

SABER QUE UM GESTO AMÁVEL VALE MAIS QUE MIL PALAVRAS.

TROCAR OLHARES APAIXONADOS.

ESFORÇAR-SE PARA SATISFAZER SEU PAR EM PEQUENAS NECESSIDADES DO COTIDIANO, DEMONSTRANDO, ASSIM, TODO O SEU AMOR.

☐ ABRIR-SE COM O CÔNJUGE E DIZER COMO FICA TRISTE POR NÃO TER A COMPANHIA DELE POR MAIS TEMPO.

☐ SOMENTE DORMIR DEPOIS DE JUNTOS CHEGAREM A UM ACORDO SOBRE O ASSUNTO DISCUTIDO.

☐ TOMAR A INICIATIVA DE QUEBRAR O CICLO PERNICIOSO QUE LEVA À BRIGA.

☐ AGIR SEMPRE COM GESTOS DE GRANDEZA, DE MATURIDADE E DE AMOR EM RELAÇÃO AO AMADO.

☐ DEIXAR DO LADO DE FORA AS MÁGOAS, OS PROBLEMAS E AS TENSÕES, ANTES DE ENTRAR EM CASA.

☐ VIVER JUNTOS A REALIDADE COM SABEDORIA.

☐ ACEITAR QUE CONFLITOS NO RELACIONAMENTO ACONTECEM.

☐ SER FIEL AO PARCEIRO.

☐ ENFRENTAR DIFICULDADES E DESAFIOS JUNTOS.

☐ RECOMPENSAR SEMPRE O CÔNJUGE DEPOIS DE UMA AÇÃO LOUVÁVEL.

☐ FAZER SEU PAR SE SENTIR SEGURO E NÃO JULGADO.

☐ USAR SEMPRE A VOZ BRANDA, EM VEZ DA GRITARIA COM O CÔNJUGE.

VIVER SEM MEDO DE PERDER A PESSOA AMADA.

VIVER CADA MOMENTO COM O PARCEIRO COMO SE NÃO EXISTISSE O AMANHÃ.

TOMAR A INICIATIVA COM SEU AMOR EM UMA SITUAÇÃO IMPROVÁVEL, PARA JUNTOS CHEGAREM A UM ACORDO INCRÍVEL.

DAR "UMA RAPIDINHA" DE VEZ EM QUANDO.
Na correria cotidiana, às vezes não sobra tempo nem para o sexo. Não dá para dizer que o ato é tudo na relação, mas nem por isso ele pode ser deixado de lado. Aquele sexo rápido e intenso, que surge nos momentos mais incomuns, pode ser ótimo para trazer adrenalina e melhorar a relação a dois.

Recheada de emoção — justamente por ser inesperada e fiel apenas ao desejo imediato —, a rapidinha pode render muita satisfação e dar um *upgrade* no ânimo e na autoestima do casal. E detalhe: camisinha sempre é uma coisa com a qual o casal precisa se preocupar.

Apoiar na parede, ficar de quatro, na posição flor de lótus ou, então, montar no parceiro são algumas diferentes formas de aproveitar uma rapidinha. É preciso usar a criatividade e desfrutar, pois são posições que permitem não tirar a roupa toda para ficar mais excitante.

Mas atenção: se a sua vida sexual é feita só de rapidinhas, isso também não é legal, no entanto, é sempre bom proporcionar um pouco de emoção nos relacionamentos.

- [ ] ENTENDER QUE UM RELACIONAMENTO A DOIS EXIGE QUE AS PESSOAS ENVOLVIDAS ESTEJAM DISPOSTAS A FAZER DAR CERTO.

- [ ] PREFERIR ESTAR FELIZ AO LADO DO PARCEIRO DO QUE 100% CERTO O TEMPO TODO.

- [ ] LEMBRAR SEMPRE QUE SEU CÔNJUGE É O AMOR DA SUA VIDA.

- [ ] SER ESTRATÉGICO COM O PARCEIRO FAZ A DIFERENÇA.

- [ ] TRANCAR SEMPRE A PORTA ANTES DE FAZER AMOR.

- [ ] CULTIVAR O BOM CORAÇÃO COM SEU PAR.

- [ ] TROCAR INFORMAÇÕES ENTRE O CASAL SOBRE OS ASSUNTOS PERTINENTES DO DIA.

- [ ] RESPEITAR O AMADO QUANDO, POR ALGUM MOTIVO, ELE DESEJAR FICAR SÓ.

*“Desejo, sonho e medo, o amor é um salto sem rede entre a razão e a magia. (E só assim vale a pena).”*

— LYA LUFT

☐ CONTAR ATÉ DEZ ANTES DE DAR UMA RESPOSTA AO CÔNJUGE.

☐ FAZER AS PAZES LOGO DEPOIS DE UMA BRIGA, SEMPRE COM MUITO CARINHO, CARÍCIAS E SEXO DELICIOSO PARA ENCERRAR O ASSUNTO COM CHAVE DE OURO E, É LÓGICO, DEIXAR TUDO PARA TRÁS.

☐ PROCURAR CONSTRUIR PONTES DE CONSENSO COM A PESSOA AMADA PARA INTERLIGAR O RELACIONAMENTO E FAZER A CONEXÃO ENTRE VOCÊS SEGUIR SEMPRE NO CAMINHO CERTO EM DIREÇÃO AO FINAL FELIZ.

☐ INTERESSAR-SE PELO TRABALHO DO PARCEIRO.
Deixe o seu amor perceber o interesse que você tem pelo cotidiano dele. É importante demonstrar para o cônjuge o desejo de saber quais foram suas atividades naquele dia, os compromissos, as tarefas, como está a vida profissional dele... Isso não deve soar como desconfiança ou vigilância, e sim como um ato de querer bem, de saber como foi sua rotina, o que fez, o que aprendeu, o que ensinou, pois sempre estamos fazendo esse tipo de coisa, aprendendo e ensinando.

☐ ENTENDER A INDIVIDUALIDADE DO SEU PAR.

☐ BLOQUEAR DA VIDA DO CASAL AS INTERFERÊNCIAS EXTERNAS.

☐ DEMONSTRAR CONFIANÇA NA PESSOA AMADA.
Conversem a respeito da confiança e verifiquem a necessidade dela. Vejam se não estão fazendo algo que desagrada ou faz o cônjuge se sentir inseguro. É necessário, nesse momento, muita sinceridade

para que ambos consigam perceber seus erros e dar mais segurança ao outro.

ENTENDER QUE VOCÊS ESTÃO JUNTOS AQUI NA TERRA PARA ENCONTRAR O VERDADEIRO LUGAR NA VIDA E PARA DAR AO MUNDO O TALENTO DE VOCÊS.

DESCOBRIR QUE QUANTO MAIOR FOR O DESEJO DE REALIZAÇÕES DO CASAL, MAIOR SERÁ A FORÇA DE PERSISTIREM JUNTOS.

OLHAR PARA A ABUNDÂNCIA DE OPORTUNIDADES AO REDOR DE VOCÊS; NÃO EXISTE LIMITES PARA NOVAS IDEIAS.

NÃO ENTRAR EM JOGOS DOS QUAIS VOCÊS NÃO CONHEÇAM AS REGRAS.

COMPRAR O DOCE PREFERIDO DA PESSOA AMADA E DEIXAR UM BILHETE ESCRITO: "EU AMO VOCÊ".

O CASAL DEVE AMAR MUITO UM AO OUTRO E TER UMA VIDA A DOIS PLENA, PROCURANDO COLOCAR EM SEGUNDO PLANO AS EXPLICAÇÕES, OS DILEMAS E AS COBRANÇAS.

FOCAR JUNTO COM O CÔNJUGE NAS QUALIDADES DO RELACIONAMENTO E NÃO NOS DEFEITOS.

VIVER UM CASAMENTO INTENSO ATÉ QUE A MORTE OS SEPARE.

- [ ] TER CONSCIÊNCIA DE QUE O PARCEIRO NÃO REÚNE TODAS AS QUALIDADES DESEJÁVEIS.

- [ ] FAZER UMA VIAGEM PARA CONTEMPLAR O CAMPO. ESSE CONTATO FAZ O CASAL DESFRUTAR AS MARAVILHAS DA NATUREZA COM SIMPLICIDADE.

- [ ] LAPIDAR UM AO OUTRO COMO DOIS DIAMANTES EM ETERNA TRANSFORMAÇÃO.

- [ ] O CASAL DEVE APRENDER JUNTOS A RESPEITO DE CADA UM, SEM INTERFERÊNCIA EXTERNA. AÍ ESTÁ A ESSÊNCIA DE UMA BOA RELAÇÃO A DOIS.

- [ ] TUDO O QUE QUISER PARA VOCÊ, QUEIRA PARA SEU PAR NA MESMA MEDIDA.

- [ ] BUSCAR JUNTOS DESAFIOS PARA EVOLUIR COMO CASAL.

- [ ] PERGUNTAR PARA O CÔNJUGE SE HÁ ALGUMA COISA EM VOCÊ QUE ELE GOSTARIA DE MUDAR.

- [ ] SUPERAR A CRISE NO CASAMENTO COM BOA VONTADE E UMA DOSE DE INTELIGÊNCIA EMOCIONAL.

- [ ] SUPERAR AS DIFICULDADES E FORTALECER A RELAÇÃO TORNARÁ O CASAL MAIS MADURO E FARÁ COM QUE APRENDAM JUNTOS COMO ENFRENTAR FUTUROS DESAFIOS.

- [ ] O CASAL DEVE RECONHECER E ACEITAR QUANDO HOUVER UMA CRISE E FAZER TUDO PARA SOLUCIONÁ-LA.

- [ ] LISTAR TUDO AQUILO QUE SEU PARCEIRO FAZ E VOCÊ NÃO GOSTA. EM SEGUIDA, TROCAR AS LISTAS ENTRE VOCÊS.

- [ ] LISTAR TUDO AQUILO QUE SEU PAR FAZ E VOCÊ GOSTA E TROCAR UM COM O OUTRO.

- [ ] CONSTRUIR E CONSERVAR JUNTOS A RELAÇÃO EM SUAS INÚMERAS FACETAS.

- [ ] OLHAR JUNTOS SEMPRE NA MESMA DIREÇÃO.

- [ ] TERCEIRIZAR AQUELAS TAREFAS EM CASA QUE NENHUM DOS DOIS GOSTA DE FAZER; VALE A PENA O INVESTIMENTO.

- [ ] AMAR MUITO O CÔNJUGE E NÃO ESPERAR NADA EM TROCA, POIS AMAR É DAR E NÃO RECEBER.

- [ ] APRENDER JUNTOS COM AS DERROTAS PARA COMEMORAREM JUNTOS AS VITÓRIAS.

- [ ] EVITAR USAR CONTRA O PARCEIRO A AMEAÇA DE DIVÓRCIO DURANTE AS BRIGAS.

- [ ] O CASAL DEVE CARREGAR EM SI O UNIVERSO PARTICULAR DE RISOS, GESTOS E OLHARES DO RELACIONAMENTO DE VOCÊS.

- [ ] CAPTAR AS SUTILEZAS QUE DÃO GRAÇA A UM RELACIONAMENTO.

- [ ] EXPLORAR O AMOR DE FORMA NATURAL E ESPONTÂNEA.

☐ DIRIGIR-SE AO SEU PAR COM EXTREMA EDUCAÇÃO E SUTILEZA.

☐ DEPILAR AS PARTES ÍNTIMAS, TANTO DO MARIDO QUANTO DA ESPOSA; ÓTIMA EXPERIÊNCIA...

☐ EVITAR CONVERSAS COM O AMADO SOBRE RELACIONAMENTOS PASSADOS.

☐ CULTIVAR O DESEJO PELO SEU PAR TAMBÉM FORA DA CAMA.

☐ CONVERSAR DE FORMA QUE CADA UM POSSA DIZER AO OUTRO O QUE SENTE FALTA, PUXANDO SEMPRE PELO LADO POSITIVO.

☐ SER ESPONTÂNEO E TER INTIMIDADE COM SEU CÔNJUGE NÃO O AUTORIZA A SER DISPLICENTE, IMPULSIVO E AGRESSIVO.

☐ ESTABELECER JUNTO AO PARCEIRO MAIS DIPLOMACIA, EDUCAÇÃO E CUIDADO.

☐ APRENDER A SER GENUÍNO, ÍNTEGRO E SINCERO COM SEU PAR, SEM DEIXAR DE TER CUIDADO COM OS GESTOS.

☐ RESPEITAR AS INFLUÊNCIAS QUE O AMADO RECEBEU AO LONGO DA VIDA SOBRE O QUE É SER HOMEM E O QUE É SER MULHER.

☐ ENTENDER COM SABEDORIA QUE VOCÊS DOIS RECEBERAM EDUCAÇÃO E INFLUÊNCIAS DIFERENTES.

ESTABELECER UMA CONEXÃO EMOCIONAL COM AS DORES E OS SONHOS DO SEU PAR.

É NECESSÁRIO SEGUIR UMA ETIQUETA DE CASAL PARA DESENVOLVER BOAS MANEIRAS MATRIMONIAIS.
É importante que o casal estabeleça regras para facilitar a convivência um com o outro. Ao criar um "guia de conduta" imaginário, o casal passa a ter atitudes elegantes, de respeito e uma postura agregadora e positiva com o parceiro, sem contar que isso traz previsibilidade para o relacionamento, porque ambos sabem como o outro pode agir ou reagir dependendo da situação. Isso pode evitar muita dor de cabeça e desencontros no relacionamento com o passar dos anos.

ANTECIPAR-SE AO PROBLEMA QUE VAI SURGIR COM O CÔNJUGE E TENTAR CONTORNÁ-LO ANTES DO CONFLITO.

REMAR SEMPRE JUNTOS E NA MESMA DIREÇÃO, POIS, SE UM PARAR, O BARCO PODE AFUNDAR.

TRATAR O PARCEIRO DA MESMA MANEIRA QUE VOCÊ GOSTARIA DE SER TRATADO.

COMPRAR PEÇAS ÍNTIMAS PARA O AMADO.

DAR PRESENTES PARA SEU PAR FORA DAS DATAS ESPECIAIS.

ASSISTIR A UMA PARTIDA DE FUTEBOL INTEIRINHA AO LADO DA PESSOA AMADA.

COMPRAR ROUPAS NOVAS E JOGAR FORA AS VELHAS.

☐ DIZER AO CÔNJUGE QUE VOCÊ O AMA, MESMO COM QUALQUER FALHA OU IMPERFEIÇÃO.

☐ ENVIAR UMA MENSAGEM OU LIGAR, A QUALQUER HORA DO DIA OU DA NOITE DIZENDO O QUANTO VOCÊ AMA SEU PARCEIRO.

☐ DEMONSTRAR O QUANTO VOCÊ CONFIA NO SEU PAR, COMPARTILHANDO SEUS SEGREDOS.

Demonstrar confiança no outro é essencial em uma relação, e casais felizes sempre têm segredos entre eles, sejam confidências pessoais ou simplesmente segredos do casal, demonstrando ainda mais a confiança e fidelidade que um tem com o outro.

☐ CONSULTAR O CÔNJUGE ANTES DE DECIDIR ALGO.

Seja na hora de tomar uma atitude ou comprar algo, a opinião do outro é sempre importante. A cumplicidade do casal precisa ser tamanha que eles preferem saber se vão agradar também ao outro antes de agradar a si mesmo.

☐ CUIDAR DOS PAIS DO SEU AMADO.

☐ CONVIDAR SEU PARCEIRO PARA ALMOÇAR OU JANTAR NO MEIO DA SEMANA.

☐ DEIXAR DE SAIR COM SEUS AMIGOS APENAS PARA FICAR COM O CÔNJUGE.

☐ IR AO RESTAURANTE PREFERIDO DO SEU PAR.

- [ ] APRENDER A FAZER A COMIDA PREFERIDA DO SEU AMOR E ORGANIZAR UM JANTAR ROMÂNTICO.

- [ ] PARAR PARA APRECIAR AS ESTRELAS COM A PESSOA AMADA E DEIXAR O TEMPO PASSAR.

- [ ] BEIJAR O CORPO TODO DO PARCEIRO.

- [ ] LEVAR O CAFÉ NA CAMA PARA AGRADAR O CÔNJUGE.

*"A felicidade não se resume na ausência de problemas, mas sim na sua capacidade de lidar com eles."*

— ALBERT EINSTEIN

- [ ] RIR, MESMO QUE SEJA DA MESMA PIADA DE SEMPRE.

- [ ] ESCOLHER E ASSISTIR JUNTOS A UM FILME BEM ANTIGO QUE CONTA UMA LINDA HISTÓRIA DE AMOR.

- [ ] VOLTAR AO LUGAR ONDE PASSARAM A LUA DE MEL E REVIVER GRANDES MOMENTOS JUNTOS.

- [ ] LEMBRAR JUNTOS DO PRIMEIRO BEIJO.

- [ ] LER LIVROS DE INTERESSE COMUM.

- [ ] INVESTIR TEMPO EM UM DELICIOSO PIQUENIQUE A DOIS.

- [ ] DAR RAZÃO AO CÔNJUGE, INDEPENDENTE DA SITUAÇÃO. DEPOIS VOCÊS PODEM CONVERSAR E CHEGAR A UM ACORDO.

- [ ] LEMBRAR JUNTOS DA PRIMEIRA QUALIDADE QUE VOCÊ VIU NO PARCEIRO.

- [ ] FAZER UMA NOVA LUA DE MEL.

- [ ] PASSAR UMA NOITE COM SEU AMOR EM UMA POUSADA COM LAREIRA.

- [ ] ALUGAR UM CARRO CONVERSÍVEL PARA PASSEAR COM O CÔNJUGE.

- [ ] ANDAR DE BICICLETA COM SEU PAR.

☐ ESCOLHER UM DIA ESPECIAL E NAMORAR NO BANCO DA PRAÇA.

É legal demais, em uma de suas viagens, vocês visitarem praças com arquiteturas mais antigas e aproveitem para namorar nesses bancos. Apreciem a paisagem, tirem fotos e desfrutem desse momento especial com muito glamour.

☐ FAZER COMPRAS NO SUPERMERCADO JUNTOS.

Vocês sabem que dizer que "lugar de mulher é na cozinha" é superultrapassado. No entanto, dizer que "lugar do homem é no supermercado" está cada vez mais atual e frequente. Um casal feliz, assim como vocês, deve aproveitar a companhia um do outro em qualquer situação. Compartilhem interesses em comum, isso é extremamente saudável. Aventurem-se em descobrir também interesses novos.

O casal pode criar hábitos e descobrir algo que gostam de fazer juntos. Essa é uma das chaves para a felicidade. Vocês são inteligentes e sabem muito bem reconhecer em quais momentos é importante estarem lado a lado. Então, com uma boa conversa, vocês descobrirão qual o melhor dia e horário para irem ao supermercado, fazer as compras juntos e, ao chegar em casa, guardá-las juntos. Aproveitem para viajar imaginando vários pratos que vocês vão cozinhar juntos; além disso, comprem os ingredientes. Mãos à obra!

☐ ACOMPANHAR SUA PARCEIRA A UMA CONSULTA COM O GINECOLOGISTA.

É muito importante acompanhar e incentivar sua esposa em uma consulta preventiva ao ginecologista. Essa atitude demonstrará companheirismo e cuidado com a pessoa amada.

- [ ] ACOMPANHAR O PARCEIRO A UMA CONSULTA COM O UROLOGISTA.

É muito importante acompanhar e incentivar seu marido em uma consulta preventiva ao urologista. Essa atitude demonstrará companheirismo e cuidado com a pessoa amada.

- [ ] IR COM O CÔNJUGE AO DENTISTA.

- [ ] PREPARAR JUNTOS UM JANTAR À LUZ DE VELAS.

- [ ] APRENDER JUNTOS UM NOVO IDIOMA.

- [ ] COMEÇAR JUNTOS UM NOVO HOBBY.

- [ ] ADOTAR UM ANIMAL.

- [ ] VISITAR UM MUSEU; INVESTIR EM CULTURA É MUITO BOM.

- [ ] VISITAR FEIRAS COM O PARCEIRO.

- [ ] AGENDAR UM DIA JUNTOS EM UM SPA.

*"Tenha paciência. Tudo aquilo que você deseja, se for verdadeiro, e o mais importante: se for para ser seu, acontecerá."*

— WILLIAM SHAKESPEARE

FAZER UM VÍDEO DE VOCÊS DOIS, E GUARDAR PARA RIR DEPOIS.

FAZER AULAS DE DANÇA JUNTOS.

FAZER UMA FOGUEIRA EM UM DIA BEM FRIOZINHO E CURTIR A DOIS.

FAZER JUNTOS UMA BOA FAXINA NA SUA MORADIA.

FAZER REPAROS EM CASA JUNTOS.

COLOCAR UM COLCHÃO NA SALA E DORMIR JUNTINHOS.

REALIZAR FANTASIAS SEXUAIS SAUDÁVEIS COM O CÔNJUGE.

LEVAR UM MONTE DE PETISCOS E BEBIDAS PARA SALA E FAZER UM VERDADEIRO HAPPY HOUR.

COMPARTILHAR O ASSUNTO DO LIVRO QUE ESTÁ LENDO COM O CÔNJUGE.
É muito importante compartilhar tudo que você considere interessante com a pessoa amada. Desta forma, quando o assunto passa a ser de interesse dos dois, várias áreas se afloram no dia a dia, tais como longas conversas, opiniões e gostos em comum. Isso melhora muito o relacionamento como um todo.

COMPARTILHAR SONHOS PARA CONQUISTAR, JUNTOS, O ÁPICE DO SUCESSO.

ASSISTIR A UM FILME CLÁSSICO ANTES DE IR PARA A CAMA.

ASSISTIR JUNTOS AO FILME *E O VENTO LEVOU* (1939).

ASSISTIR JUNTOS AO FILME *O MÁGICO DE OZ* (1939).

ASSISTIR JUNTOS AO FILME *CASABLANCA* (1942).

ASSISTIR JUNTOS AO FILME *GREASE — NOS TEMPOS DA BRILHANTINA* (1978).

ASSISTIR JUNTOS AO FILME *COMO SE FOSSE A PRIMEIRA VEZ* (2004).

FAZER UM BOLO JUNTO COM O PARCEIRO.

BAGUNÇAR A COZINHA JOGANDO FARINHA DE TRIGO UM NO OUTRO.

ACORDAR MAIS CEDO PARA CONTEMPLAR O NASCER DO SOL JUNTOS.

RESERVAR UMA TARDE PARA CONTEMPLAR O PÔR DO SOL JUNTOS.

USAR A TECNOLOGIA E ENVIAR VÁRIAS MENSAGENS DE AMOR UM PARA O OUTRO.

INVESTIR NO SONHO DO SEU PAR.

ABRAÇAR A PESSOA AMADA POR TRÁS E DIZER PALAVRAS SENSUAIS NO SEU OUVIDO.

FAZER UMA PERGUNTA QUE NUNCA FOI FEITA ANTES.

ELOGIAR A APARÊNCIA DO CÔNJUGE.

SER MOTORISTA POR UM DIA PARA O PARCEIRO.

ABRAÇAR ALGUMA CAUSA JUNTOS, COMO VOLUNTÁRIOS.

MARCAR PERIODICAMENTE UMA DOAÇÃO DE SANGUE JUNTOS PARA ABASTECER O BANCO DE SANGUE DA SUA CIDADE E AJUDAR A SALVAR VIDAS.

O CASAL DEVE APADRINHAR, JUNTOS, UMA CRIANÇA EM UM ORFANATO.

O CASAL DEVE VISITAR, JUNTOS, ORFANATOS.

O CASAL DEVE VISITAR, JUNTOS, CLÍNICAS DE RECUPERAÇÃO.

O CASAL DEVE VISITAR, JUNTOS, HOSPITAIS.

O CASAL DEVE VISITAR, JUNTOS, ASILOS.

FAZER JUNTOS UMA DOAÇÃO DE CARIDADE.

ABRAÇAR UMA BOA CAUSA.

FAZER UM PROGRAMA RADICAL COM O CÔNJUGE.

COMEMORAR O ANIVERSÁRIO DO PARCEIRO DE FORMA ESPECIAL.

☐ COMEMORAR O ANIVERSÁRIO DE CASAMENTO EM UM LUGAR MUITO ESPECIAL.

☐ ANDAR DE ÔNIBUS JUNTOS.

☐ TER SEMPRE EM MENTE A FIGURA DA PESSOA AMADA LIGADA AO NOME DELA E MAIS DOIS OU TRÊS APELIDOS CARINHOSOS.
Cuidado para não chamar equivocadamente a pessoa amada por outro nome, nos momentos de intimidade ou mesmo em situações do dia a dia. Afinal, isso pode ser uma atitude desastrosa. Desconfianças e brigas podem surgir, mesmo sem qualquer razão real.

☐ DEIXAR SEU PAR COMER O ÚLTIMO PEDAÇO DA PIZZA.

☐ CONTAR JUNTOS BOAS PIADAS E RIR MUITO.
Quando o casal tem uma boa relação, constantemente pode fazer brincadeiras um com o outro. Sejam divertimentos bobos ou piadas, é sempre visível a felicidade da relação estampada no rosto de ambos.

☐ FAZER MOMENTOS COMUNS PARA O SEU CÔNJUGE SE TORNAREM TAMBÉM ESPECIAIS.

☐ FAZER DOAÇÕES DE LIVROS PARA BIBLIOTECAS, CRECHES E ESCOLAS.

☐ FAZER ALGO INESPERADO PARA SURPREENDER SEU AMADO.

☐ PLANTAR UMA ÁRVORE JUNTOS.

☐ ESCREVER UM LIVRO JUNTOS.

DIZER SEMPRE QUE O MOMENTO QUE VOCÊS ESTÃO JUNTOS É ESPECIAL.

FAZER PARA SEU PARCEIRO AQUILO QUE GOSTARIA QUE FOSSE FEITO PARA VOCÊ.

FAZER PARA SEU PAR MAIS DO QUE ELE ESPERA DE VOCÊ.

CONHECER LUGARES DIFERENTES COM SEU AMOR.

TIRAR UM FINAL DE SEMANA PARA FICAREM DE BOA, SEM FAZER NADA.

PREPARAR JUNTOS UM SUPER BANHO DE BANHEIRA, COM SAIS ESPECIAIS.

Um bom banho de banheira juntos pode representar um elemento de renovação para o casal, um ritual que pode livrar vocês dos possíveis problemas, discussões e mal-entendidos, para voltarem a se sentir mais unidos do que nunca. Ao entrar em uma banheira, o casal vai precisar falar, compartilhar e coordenar os movimentos para não acabar no chão. Além disso, pode ser um bom momento para que, afastados do mundo, falem sobre qualquer coisa que quiserem sem se preocupar com o resto do planeta.

Um bom banho de banheira a dois levará vocês para uma experiência fora do normal. Com certeza, vocês terminarão fazendo sexo na banheira, e isso é uma boa forma de acabar com a rotina. Neste espaço, podem experimentar novas posições e prestar atenção a outras partes dos seus corpos, além da sensação de tocar na pele debaixo da água ser incomparável. O sexo é um pilar indispensável da vida do casal e, para que este funcione, você tem que fazer a sua parte e experimentar coisas novas.

☐ FAZER UMA COLEÇÃO JUNTOS.

Compartilhar interesses é uma das bases de uma união feliz! Por isso, vale a pena colecionar algo que seja interessante para ambos. O primeiro passo é fazer uma pesquisa de qual item e o tipo de objeto de interesse comum para se iniciar a coleção. Existem eventos e fóruns dedicados ao tipo de coleção que querem fazer? Também há as viagens, onde farão novas amizades aumentando o círculo social. O casal terá ainda mais assuntos e gostos em comum, além de compartilhar mais tempo juntos.

Agora que vocês são colecionadores, a aproximação, o comprometimento e a cumplicidade dos dois aumentarão. Nos passeios alternativos, por conta da coleção, vocês sairão da rotina do dia a dia para um novo tempo de amor e paixão.

☐ DIVIDIR O CHOCOLATE COM O CÔNJUGE.

☐ PEDIR PARA UM ARTISTA PINTAR O RETRATO DE VOCÊS DOIS.

☐ PARAR, OBSERVAR O CÉU E, JUNTOS, DAR NOMES ÀS NUVENS.

☐ DESENHAR UM CORAÇÃO EM UMA ÁRVORE COM O NOME DE VOCÊS DOIS.

TIRAR FOTOS ÉPICAS JUNTOS.

Registrar um momento admirável do casal vai representar o amor épico que é caracterizado pela intensidade e pela grandiosidade com que amamos uma pessoa. Um amor que pode superar todos os obstáculos e a passagem do tempo merece ter seus melhores momentos eternizados em lindas imagens!

É MUITO IMPORTANTE O CASAL APRENDER E JOGAR BOLICHE JUNTOS.

O CASAL DEVE FAZER CÓCEGAS UM NO OUTRO COM MUITO CARINHO E DELICADEZA.

VISITAR JUNTOS UM PAÍS EM UMA ÉPOCA MUITO FRIA E QUE TENHA MUITA NEVE.

O CASAL DEVE ESQUIAR NA NEVE LADO A LADO.

VISITAR UM BRECHÓ JUNTOS E ACHAR COISAS IMPRESSIONANTES.

O CASAL PODE EXPERIMENTAR UMA COISA NOVA. QUE TAL O VEGANISMO POR UM DIA?

O CASAL DEVE COMER EM UM RESTAURANTE VEGETARIANO E TER NOVAS EXPERIÊNCIAS PARA CONTAR.

CONSULTAR JUNTOS UM NUTRICIONISTA, PARA TEREM UMA VIDA MAIS SAUDÁVEL.

Um profissional especialista em nutrição vai organizar e equilibrar a alimentação do casal. Ele será responsável por tornar o organismo de vocês mais saudável, proporcionando uma melhor qualidade de vida e bem-estar.

- [ ] FAZER UMA FOGUEIRA E COMER MUITOS *MARSHMALLOWS*.

- [ ] ENSINAR, COM PACIÊNCIA, ALGO IMPORTANTE PARA O CÔNJUGE.

- [ ] PEDIR UM JANTAR MARAVILHOSO EM ALGUM APLICATIVO PARA AGRADAR A PESSOA AMADA.

- [ ] O CASAL DEVE MARCAR HORA EM UM SALÃO DE BELEZA PARA OS DOIS SE CUIDAREM JUNTOS.

- [ ] COMPRAR UM KARAOKÊ PARA PODEREM CANTAR JUNTOS EM CASA.

- [ ] BRINCAR DEBAIXO DO EDREDOM JUNTO COM O PARCEIRO.

- [ ] ACOMPANHAR SEU PAR EM SEU ESPORTE FAVORITO.

- [ ] FAZER UMA GUERRA DE TRAVESSEIROS.

Os travesseiros ideais para a brincadeira são macios e preenchidos com plumas, poliéster, lã ou algodão. Surpreenda o cônjuge com uma guerra de travesseiros. Na próxima vez em que vocês estiverem relaxando na cama ou no sofá, um pode acertar o outro com um travesseiro. Pronto, a guerra vai começar em poucos segundos!

Um relacionamento pode se tornar mais forte quando o casal não tem medo de fazer brincadeiras bobas e saudáveis. Não tenha vergonha de ser você se quiser aflorar seu lado mais brincalhão ao lado da pessoa amada.

FAZER AULAS DE MERGULHO JUNTOS.

Praticar mergulho, seja com *snorkel* ou com cilindro, é sempre uma experiência mágica. Poder observar a vida marinha e aquática de perto, sentindo-se livre dentro do mar, ou até mesmo de um rio, é uma das melhores sensações que a natureza pode fornecer. Imagine então a sensação de dividir esse momento com quem você ama. Mergulhar lado a lado com o seu amor é sempre uma ótima opção. O Brasil é abençoado com diversos locais paradisíacos para você e para quem você mais ama apreciarem a beleza das águas juntos.

SALTAR DE PARAQUEDAS JUNTOS.

Compartilhe com a pessoa amada uma das maiores aventuras da vida de vocês. Enquanto se preparam, até embarcarem para o salto, vocês vão compartilhando suas ansiedades e a adrenalina. Com certeza este momento marcará eternamente a vida de vocês. Escolham um lugar que preze pela segurança e pela satisfação de seus clientes. Optem sempre pelo salto duplo, porque vocês se divertem sem se preocupar com as obrigações do salto. Isso tudo deverá ser feito pelo instrutor que acompanhará vocês durante todo o percurso.

CUIDAR EM PRIMEIRO LUGAR DA SUA FAMÍLIA E DO SEU CÔNJUGE, ANTES DE PENSAR EM CUIDAR DA VIDA DOS OUTROS.

DIZER AO PARCEIRO, COM SABEDORIA, QUE SUA ATITUDE ESTÁ LHE MACHUCANDO; DIZER O QUE ESTÁ LHE CAUSANDO SOFRIMENTO.

☐ DECIDIR, EM COMUM ACORDO, A TEMPERATURA MÁXIMA E MÍNIMA DO AR-CONDICIONADO DO CARRO.

☐ DECIDIR, EM COMUM ACORDO E SEM DISCUSSÃO, QUAL SERÁ A TEMPERATURA IDEAL DO AR-CONDICIONADO DO QUARTO.

☐ PRESENTEAR A PESSOA AMADA COM UM CARRO NOVINHO.

☐ LEVAR O CARRO DO SEU PAR PARA ENCHER O TANQUE DE COMBUSTÍVEL.

☐ CUIDAR DO CARRO DO SEU CÔNJUGE, LEVANDO-O PARA LAVAR, PARA O MECÂNICO E PARA UMA REVISÃO.

☐ CONFIAR O SUFICIENTE UM NO OUTRO, A PONTO DE ENTENDEREM O QUE REALMENTE É RELEVANTE OU NÃO PARA AMBOS.

☐ O CASAL DEVE DEIXAR TODO "ACHISMO" DE LADO, PARA NÃO TIRAR CONCLUSÕES ERRADAS E ENCONTRAR PROBLEMA ONDE NÃO EXISTE.

☐ ACREDITAR SEMPRE QUE SEU PARCEIRO É O MELHOR E QUE QUER O MELHOR PARA VOCÊ.

☐ O CASAL NÃO DEVE DEIXAR O PASSADO INVADIR O PRESENTE.

☐ SER MAIS SENSÍVEL AOS PEDIDOS DO SEU AMADO.

HONRAR SEU PAR DIANTE DOS SEUS FILHOS.

DEIXAR O SEU AMOR APERTAR A PASTA DE DENTE DO JEITO QUE QUISER.

DEIXAR A PESSOA AMADA COMPRAR A MARCA DE ALIMENTOS QUE QUISER.

LAVAR OS COPOS SUJOS QUE O SEU CÔNJUGE DEIXOU NA PIA.

GUARDAR A TOALHA MOLHADA QUE O PARCEIRO DEIXOU EM CIMA DA CAMA.

ELIMINAR, JUNTO COM SEU AMADO, OS EXAGEROS DAS COBRANÇAS, ESTABELECENDO UM SISTEMA DE VIDA MAIS LEVE ENTRE O CASAL.

AMBOS DEVEM BUSCAR SAIR DA MESMICE JUNTOS, E NÃO INDIVIDUALMENTE, POIS ASSIM TERÃO ÊXITO EM FAZER ALGO QUE TRAGA ALEGRIA AOS DOIS.

TOMAR ATITUDES QUE TRARÃO LUCRO EMOCIONAL AO CASAL.

CUIDAR DE VOCÊ, PARA QUE POSSA CUIDAR DO SEU CÔNJUGE.

ABDICAR DA QUALIDADE DE BENS PARA TER MAIS QUALIDADE DE VIDA.

- [ ] CRER JUNTOS QUE O SANGUE DE JESUS OS PURIFICA, OS LAVA E OS PERDOA DE TODOS OS SEUS PECADOS.

- [ ] DAR MUITOS MOTIVOS PARA QUE SEU AMOR QUEIRA SEMPRE CONVERSAR E TROCAR IDEIAS COM VOCÊ.

- [ ] CONTAR ATÉ DEZ ANTES E SE ACALMAR PARA EVITAR COMEÇAR UMA BRIGA COM O SEU AMOR, PORQUE BRIGAR NÃO VALE A PENA.

- [ ] USAR O BOM-SENSO PARA PERCEBER O QUE ESTÁ OCORRENDO NO CASAMENTO.

- [ ] TROCAR IDEIAS, ALINHAR DETALHES E FAZER ACORDOS SEMPRE QUE NECESSÁRIO: TUDO ISSO VAI AJUDAR O CASAL A AMADURECER E A FICAR MAIS PRÓXIMO.

- [ ] TOCAR LEVEMENTE NO ROSTO DO PARCEIRO.

- [ ] SER MAIS TOLERANTE COM SEU PAR.

- [ ] CRIAR JUNTOS O PRÓPRIO MODO DE VIVER DO CASAL.

- [ ] CULTIVAR O DESEJO PELO SEU CÔNJUGE.

- [ ] SER NÓS, SEM ANULAR O EU.

- [ ] EVITAR TIRAR CONCLUSÕES PRECIPITADAS.

- [ ] SABER QUE ROUPA SUJA SEMPRE SE LAVA EM CASA.

CRIAR APELIDOS CARINHOSOS UM PARA O OUTRO.

CUIDAR DOS PÉS, DEIXANDO-OS CHEIROSOS E LIMPOS.

TER CUIDADOS BUCAIS PARA SE TER UM BOM HÁLITO.

TER SEMPRE AS UNHAS LINDAS E BEM CUIDADAS.

DAR A DESCARGA DEPOIS DAS SUAS NECESSIDADES FISIOLÓGICAS É NECESSÁRIO.

O CASAL COMPROMETIDO DEVE SE SENTIR MUITO PRÓXIMO UM DO OUTRO.

GEMER EM ALTO E BOM SOM NA HORA H COMPROVA QUE VOCÊ ESTÁ DANDO PRAZER AO SEU PARCEIRO.

Alguns sinais e atitudes são fundamentais para o casal ter um bom desempenho na cama, mas há um simples som que pode mudar tudo. Gemer na hora do prazer é o grande segredo para o sucesso sexual. Afinal, o principal é simplesmente não esconder o que sente e gemer à vontade. Homens e mulheres que gemem alto durante o ato sexual terão momentos melhores e sentirão mais satisfação em comparação com aqueles que fazem isso em silêncio. Fazer ruídos é uma forma de comunicação que ajuda tanto o parceiro quanto a parceira a saber o que o outro gosta ou não durante o sexo. O gemido na cama também pode impulsionar a confiança dos amantes, pois eles sentem que têm competência sexual e que a relação está sendo bem-sucedida.

Outro ponto importante é que as pessoas que gemem durante o sexo tendem a ter mais certeza das próprias habilidades sexuais, já que não têm vergonha de expressar o que gostam e não ficam com medo de possíveis julgamentos. O casal precisa entender que gemer no ato sexual é totalmente normal e saudável; é uma forma de expor o prazer que está sentindo durante o sexo. Os gemidos podem ser voluntários ou de forma involuntária, aquele que você acaba gritando de prazer, porém, sem perceber. O importante é que gemer alto e demonstrar o que sente são as chaves do sucesso no sexo.

- [ ] O CASAL DEVE TER SATISFAÇÃO E PRAZER AO FALAR UM DO OUTRO.

- [ ] BUSCAR SEMPRE UMA CONCORDÂNCIA JUNTOS NAS QUESTÕES FINANCEIRAS.

- [ ] O CASAL DEVE ESTAR CIENTE, E EM COMUM ACORDO, SOBRE QUESTÕES RELIGIOSAS E SUAS CRENÇAS, PARA TER UM FORTALECIMENTO NA ESPIRITUALIDADE.

- [ ] AO DEBATER ALGO QUE DISCORDAM, OS CASAIS INTELIGENTES BUSCAM ENTENDIMENTO UM COM O OUTRO PARA CONSEGUIR CHEGAR A UM ACORDO PLAUSÍVEL.

- [ ] BUSCAR JUNTOS AJUDA ESPIRITUAL PARA ACONSELHAMENTO DO CASAL.

Procurar aconselhamento espiritual não se trata de um evento no qual o casal deve sentir vergonha, pois significa procurar o caminho apontado por Deus com vistas ao aperfeiçoamento daqueles que foram escolhidos para estarem com Ele na eternidade.

BUSCAR AJUDA COM UM PROFISSIONAL PARA RESOLVER OS CONFLITOS DO CASAMENTO.

Precisamos ser conscientes de que todo casal passa por momentos de tensão e mal-entendidos, inclusive de mudanças de humor devido à própria pressão da vida moderna. Mas, quando um casal toca com frequência no tema da separação, ou as tensões e desacordos são permanentes e cada vez mais difíceis de lidar, é preciso procurar ajuda profissional. Se, além disso, esta ajuda é buscada a tempo, as dificuldades imediatas poderão ser trabalhadas sem esperar até que os conflitos alcancem dimensões quase incontroláveis.

Procurar ajuda profissional é um sintoma de maturidade no casal, pois significa que os dois são conscientes de que nem sempre é possível resolver as próprias crises sozinhos, e que uma pessoa preparada para isso, que está do lado de fora da relação, pode ver melhor e de maneira mais objetiva a origem do conflito. Aí é só ajustar novamente o curso do navio e continuar a viagem a dois que decidiram fazer lá atrás que com certeza vão chegar juntos no destino traçado pelo casal.

O CASAL DEVE GARANTIR UM CRESCIMENTO MÚTUO NA RELAÇÃO, SEM INDIVIDUALISMO, TENDO SEMPRE UM INVESTIMENTO NA PARCERIA.

CHEGAR À VELHICE E SEREM OLHADOS COM ADMIRAÇÃO PELO AMOR QUE POSSUEM ENTRE SI E PELA FORTALEZA DA SUA RELAÇÃO.

DESAFOGAR UM AO OUTRO DAS SITUAÇÕES SUFOCANTES DO DIA A DIA.

- [ ] MUDAR SUAS ATITUDES PARA OBTER RESULTADOS DIFERENTES COM O CÔNJUGE.

- [ ] PROMOVER A SAÚDE FÍSICA UM DO OUTRO.

- [ ] ORGANIZAR OS HORÁRIOS PARA QUE POSSAM PROSSEGUIR COM OS INTERESSES INDIVIDUAIS E CONJUNTOS.

- [ ] FAZER UM GRANDE GESTO DE AMOR E DEDICAÇÃO PARA O PARCEIRO, NUM MOMENTO INESPERADO. SURPRESAAAA!!!!!

- [ ] SER MAIS FLEXÍVEL E MENOS PERFECCIONISTA COM SEU AMADO.

- [ ] DEDICAR UM TEMPO PARA CULTIVAR A INTELIGÊNCIA ESPIRITUAL DO CASAL.

- [ ] ABRIR-SE DE CORPO E ALMA PARA RECEBER SEU PAR.

- [ ] FALAR ABERTAMENTE COM A PESSOA AMADA O QUE FUNCIONA E O QUE NÃO FUNCIONA COM VOCÊ NA CAMA.

- [ ] BEIJAR, BEIJAR E BEIJAR MUITO UM AO OUTRO.

O beijo é uma das principais demonstrações de carinho em um relacionamento, acompanhando a história do casal em todas as fases, desde a conquista até o amadurecimento da relação, ou seja, ele está presente desde os primeiros momentos de paquera e, claro, ao longo do casamento. É um momento em que o casal sente e expressa o que está sentindo um pelo outro. Dessa forma, ele não é apenas uma demonstração de afeto, mas sim uma forma de contato íntimo com outra pessoa.

Receber aquele beijo apaixonado, não só ajuda a manter a chama do romantismo acesa como também faz bem para a sua saúde e bem-estar. Isso ocorre, pois, enquanto você está beijando, seu organismo libera hormônios para o corpo que trazem sensações de felicidade e até podem melhorar seu sistema imunológico. O ato de beijar a pessoa amada o tempo todo contribui para a harmonia e para a felicidade do casal. O beijo apaixonado pode provocar a redução dos níveis de cortisol, um hormônio que provoca a condição de estresse do organismo. Em suma, em relação aos aspectos da saúde, o beijo pode proporcionar uma melhora tanto física, como mental e emocional. Motivos não faltam para vocês aumentarem esse hábito no seu dia a dia.

Casais que se beijam com mais frequência obtêm uma qualidade no relacionamento que até supera a importância do sexo no quesito quantidade. O beijo é considerado por muitos casais como um aspecto mais decisivo do que o sexo no início das relações, pois, além de uma demonstração de afeto, é a conexão necessária em diferentes momentos a dois, não se limitando a quatro paredes e de forma mais pontual, como é o caso do sexo. O beijo é uma espécie de termômetro da relação do casal. Afinal, é a porta de entrada para o lado erótico e afetivo de um relacionamento. Casais que conseguem manter os beijos de maneira frequente na rotina, também alimentam outras formas de aproximação e interesse mútuo. Por isso, beijem-se muito e sejam felizes para sempre.

## AMAR, AMAR, AMAR SEMPRE UM AO OUTRO.

Em 1 Coríntios 13.4-7, o poder do amor é expresso de maneira brilhante. Esse trecho nos ensina que o amor é paciente, respeitoso, gentil, diplomático; está sempre baseado na verdade e espera que ela triunfe. O amor é leal, mesmo que isso implique em sacrifícios, e nunca se irrita nem é hipersensível, rude, invejoso ou injusto.

- [ ] BUSCAR FAZER SEU CÔNJUGE FELIZ.

É a lei da semeadura: tudo que você planta, colhe de forma abundante. A felicidade retornará automaticamente para você.

- [ ] O CASAL INTELIGENTE DEIXA O PARCEIRO DESABAFAR SEM INTERROMPER A PESSOA AMADA.

- [ ] ESTAR PREPARADO PARA SE DOAR AO RELACIONAMENTO A DOIS.

- [ ] FAZER UMA SUPERFESTA SURPRESA PARA SEU PAR.

- [ ] ENVELHECER JUNTOS UM CUIDANDO DO OUTRO.

- [ ] COLOCAR A FOTO DO CASAL NO PERFIL DO FACEBOOK.

- [ ] ESCREVER JUNTOS MENSAGENS ALEATÓRIAS, COLOCAR DENTRO DE UMA GARRAFA E JOGAR NO MAR.

- [ ] SORRIR, SORRIR, SORRIR... SEMPRE!

- [ ] FAZER UM JEJUM DE CRÍTICAS ENTRE VOCÊS DOIS.

Criticar o outro em excesso é um dos motivos que leva os casais a brigarem. A crítica pode abrir caminho para outros problemas, principalmente quando ela é constante. Criticar o cônjuge pode fazer com que ele se sinta agredido, rejeitado e magoado. Quando esse tipo de comportamento acontece frequentemente, ele se torna tóxico para a relação.

Na maioria das vezes, as pessoas criticam sem se dar conta que estão criticando. É um comportamento quase automático e que nem sempre é feito com o objetivo de magoar ou atacar o outro. Então comece a ver o lado bom da vida ao lado do seu parceiro. Pare de ver o que lhe falta. Pratique a gratidão. Passe a agradecer. A escolha é sempre sua e quanto mais você enaltecer o que é bom, menor será a chance de emitir críticas ou pensar no que lhe falta.

Comece a elogiar seu amado. O contrário da crítica é o elogio. Que tal elogiar mais? Isso precisa ser praticado todos os dias! O reforço positivo é sempre importante e irá, por certo, afastar os comentários negativos.

No dia a dia, já recebemos críticas demais. Por esse motivo, ninguém quer chegar em casa e também ouvir julgamentos. Mude seu hábito. Criticar muitas vezes é um hábito e acaba sendo inevitável. Mas, felizmente, hábitos podem ser modificados, basta focar para isso. Cada vez que pensar em criticar, faça um elogio. Para haver mudanças, não bastam boas intenções, é preciso haver ação, investimento e, assim, a mudança se transformará em hábito.

## ENTRAR EM UM ACORDO SOBRE O PAPEL DE CADA UM.

*"Todo mundo é um gênio. Mas se você julgar um peixe por sua capacidade de subir em uma árvore, ele vai gastar toda a vida acreditando que é estúpido."*

— ALBERT EINSTEIN

BUSCAR SEMPRE CHEGAR A UM CONSENSO COM O SEU AMOR.

EVITAR OFENSAS CONTRA O CÔNJUGE.

COMPARTILHAR AS EXPERIÊNCIAS COM A PESSOA AMADA.

RESPEITEM O PONTO DE VISTA UM DO OUTRO.

Uma das estratégias mais poderosas e abrangentes para demonstrar amor por nosso cônjuge é reconhecer, valorizar e respeitar seu ponto de vista, mesmo que seja significativamente diferente do seu. De modo geral, em uma grande variedade de áreas, os casais terão opiniões divergentes e priorizarão coisas diferentes.

Eles provavelmente apresentam diferenças no estilo de criação dos filhos, no nível de interesse sexual, em como gerenciar e gastar o dinheiro e até em que forma preferem ocupar o tempo livre. Quando abordamos as diferenças com curiosidade, fascinação e apreço, ao invés de gerar ressentimento, isso pode ser uma porta de entrada para o crescimento pessoal e regozijo, além de ampliar as perspectivas para o casal.

Considere com cuidado e estude as observações do seu par. Ouça atentamente o que ele diz e faça a si mesmo perguntas para entender o que o outro está enfrentando. Procure entender a personalidade de quem você ama. Ver a perspectiva de nosso parceiro pode nos abrir para um novo mundo de possibilidades e potencial de crescimento. Comece a olhar por um ângulo de valorização de uma perspectiva que evidencia e ama a pessoa que você escolheu para viver ao seu lado. O objetivo do casamento não é pensar igual, mas pensar *junto*.

- [ ] OUVIR SEU PARCEIRO SEM DAR OPINIÃO.

- [ ] CONTROLAR SUAS REAÇÕES EM RELAÇÃO AO SEU PAR.

- [ ] MANTER JUNTOS AS EMOÇÕES SOB CONTROLE.

- [ ] ENCONTRAR, EM CONJUNTO, A FORMA CERTA DE ARGUMENTAR.

- [ ] PEDIR DESCULPAS UM AO OUTRO SEMPRE QUE NECESSÁRIO.

- [ ] DEIXAR O ORGULHO DE LADO EM FAVOR DO CÔNJUGE.

- [ ] CUMPRIR SUAS PALAVRAS JUNTO AO SEU PAR.

- [ ] ADMITIR PARA SEU PARCEIRO OS ERROS QUE VOCÊ POSSA TER COMETIDO.

- [ ] REALIZAR O MAIOR NÚMERO DE CASAMENTOS SIMBÓLICOS QUE PUDEREM EM OUTROS PAÍSES E LUGARES, SEMPRE RENOVANDO AS ALIANÇAS.

*"Quem ama é paciente e bondoso. Quem ama não é ciumento, nem orgulhoso, nem vaidoso. Quem ama não é grosseiro nem egoísta; não fica irritado, nem guarda mágoas. Quem ama não fica alegre quando alguém faz uma coisa errada, mas se alegra quando alguém faz o que é certo. Quem ama nunca desiste, porém suporta tudo com fé, esperança e paciência."*

— 1 CORÍNTIOS 13.4-7

# CURIOSIDADE: BODAS DE CASAMENTO

Existe um material representativo para celebrar o aniversário da troca de alianças, não só desde o primeiro ano do casamento, mas desde os primeiros meses, simbolizando a vontade dos dois continuarem juntos e da perpetuação do amor que os uniu.

Com o passar dos séculos, simbologias para cada ano de aniversário foram sendo criadas, partindo-se sempre da premissa de que quanto maior for o tempo de união matrimonial, maior é a importância do material representativo. Assim, à medida que os anos avançam, também os símbolos que se referem a cada comemoração se tornam mais fortes e resistentes, indo dos materiais mais frágeis aos mais valorizados.

Papel, algodão, porcelana e ouro são alguns dos elementos que dão significado às bodas de casamento e que foram estabelecidos como uma tradição para celebrar a união do casal ao longo dos anos. E acreditando que sempre vale a pena celebrar o amor, apresentamos nesta etapa do livro cada uma das bodas de casamento, bem como alguns fatos relacionados a elas.

Celebrar um aniversário de casamento será sempre uma boa ideia, seja pelas bodas de meses ou pelos anos de união. Faça uma viagem especial, um jantar, ofereça um presente ou até mesmo avance para uma renovação dos votos, que acontece mais frequentemente nas bodas de ouro ou de prata, mas que na verdade pode acontecer sempre que o casal desejar.

☐ COMEMORAR JUNTOS AS BODAS DE PAPEL (1° ANO).

Elas celebram o primeiro ano de casamento, quando se inicia uma nova etapa na vida do casal. As promessas feitas irão "sair do papel" e serão colocadas em prática. A origem do nome se deve ao fato de o papel ser um material frágil e de o casamento estar só no começo. Por outro lado, também significa flexibilidade e aceitação do casal, pois a partir disso irão começar uma caminhada juntos. Comemorem com uma viagem romântica. Com certeza essa é uma forma incrível e inesquecível de deixar esse momento marcado na memória.

☐ COMEMORAR JUNTOS AS BODAS DE ALGODÃO (2° ANO).

Representa os dois anos de casamento. E, assim como o papel, esse material também representa fragilidade, mas a oportunidade de crescimento e de fortalecimento do casal. Que tal celebrar com um belo jantar a dois?

☐ COMEMORAR JUNTOS AS BODAS DE TRIGO (3° ANO).

As bodas de três anos de casamento recebem o nome de *trigo* pois representam a fartura, a prosperidade e a alegria. Além disso, têm o sentido de alimentar essa união. Comemorem com um jantar temático, com uma decoração cheia de mimos e delicadezas.

COMEMORAR JUNTOS AS BODAS DE FLORES E FRUTAS (4° ANO).

Para essas bodas de casamento, que têm as flores e frutas na sua representação, uma forma interessante de comemorar é com um belo café da manhã ou mesmo um piquenique e um buquê de flores para acompanhar.

COMEMORAR JUNTOS AS BODAS DE MADEIRA OU DE FERRO (5° ANO).

Com cinco anos de casados, o relacionamento já pode ser considerado sólido e resistente. Comemorar as bodas de madeira ou de ferro pode ser considerado um marco na vida do casal. Muitas coisas na rotina dos dois já mudaram, tanto na relação pessoal como na profissional. Alguns já possuem filhos, outros estão adquirindo patrimônio. A vida vai se consolidando e, juntos, o casal vai se tornando cada vez mais forte.

COMEMORAR JUNTOS AS BODAS DE PERFUME OU DE AÇÚCAR (6° ANO).

O perfume e o açúcar remetem a sensações e a memórias prazerosas e, por isso, representam esse período de casamento. Muitos dizem que nesta fase o casal já deve estar desfrutando de uma relação mais madura.

COMEMORAR JUNTOS AS BODAS DE LATÃO OU DE LÃ (7° ANO).

Esses dois materiais representam a resistência do casamento. Aproveitem para combinar um jantar especial entre vocês ou uma viagem romântica para comemorar a data.

COMEMORAR JUNTOS AS BODAS DE BARRO (8° ANO).

Esse é o momento em que o relacionamento do casal já está mais estabilizado. O barro simboliza a capacidade de adaptação de ambos, além da conservação dos melhores momentos a dois.

COMEMORAR JUNTOS AS BODAS DE CERÂMICA (9° ANO).
Transformar argila em cerâmica é uma arte. Acredito que viver juntos por mais de três mil dias também seja. Os nove anos de casamento são marcados pela maturidade do casal em se moldar um ao outro para tornar a relação saudável e feliz.

COMEMORAR JUNTOS AS BODAS DE ESTANHO (10° ANO).
O estanho é um metal muito maleável. Assim como os casais que vivem uma década juntos, aprendemos que a necessidade de se adaptar e ceder ao outro está relacionada à durabilidade e à estabilidade do casamento. A primeira década juntos merece algo especial, seja um jantar, uma festa, uma viagem ou um presente marcante.

COMEMORAR JUNTOS AS BODAS DE AÇO (11° ANO).
O aço representa a estabilidade e é o material escolhido para simbolizar os onze anos de união. Nesse período, o casal já passou por vários momentos, tanto difíceis quanto felizes, mas superaram tudo e construíram um casamento firme e estável.

COMEMORAR JUNTOS AS BODAS DE SEDA OU DE ÔNIX (12° ANO).
Representado pela seda ou pelo ônix, esse período de casamento simboliza a preciosidade e a raridade da pedra ônix.

COMEMORAR JUNTOS AS BODAS DE LINHO OU DE RENDA (13° ANO).
Representado pela renda, que é um tecido delicado e transparente, e pelo linho, que é um tecido luxuoso e resistente, esse período mostra que o casal, ao longo dos anos, construiu a relação com transparência, ficando mais forte com o tempo.

☐ COMEMORAR JUNTOS AS BODAS DE MARFIM (14° ANO).
Esse material representa uma relação sólida e valiosa. Esse período de união foi marcado por momentos inesquecíveis do casal e por diversas conquistas juntos.

☐ COMEMORAR JUNTOS AS BODAS DE CRISTAL (15° ANO).
O cristal é transparente, belo e representa vitalidade. Com quinze anos juntos, o casamento tende a ser sólido, baseado na transparência e bem definido. Que tal uma grande comemoração para marcar a data?

☐ COMEMORAR JUNTOS AS BODAS DE TURMALINA (16° ANO).
Com o passar dos anos, os materiais que representam a união são mais valiosos e resistentes. Assim acontece com a turmalina, pedra preciosa que simboliza o valor e a raridade de uma relação sólida por todo esse período.

☐ COMEMORAR JUNTOS AS BODAS DE ROSA (17° ANO).
Símbolo do amor e da paixão, a rosa é uma flor delicada e muito apreciada pelos casais. Ela representa o sentimento mais nobre que envolve a união, além da pureza e da necessidade de cuidados por conta de sua delicadeza.

☐ COMEMORAR JUNTOS AS BODAS DE TURQUESA (18° ANO).
A turquesa é uma pedra bastante conhecida por sua linda cor e comumente aparece em joias combinadas com outros elementos de valor. A turquesa representa tranquilidade e bem-estar.

☐ COMEMORAR JUNTOS AS BODAS DE CRETONE OU DE ÁGUA-MARINHA (19° ANO).
Cretone é um tecido forte e água-marinha é uma pedra preciosa bem resistente. Por esse motivo, ambos são utilizados para representar

esse período de casamento, que já passou por muitos altos e baixos, mas continua firme e forte como se fosse apenas o começo.

COMEMORAR JUNTOS AS BODAS DE PORCELANA (20° ANO).
As bodas de vinte anos de casamento têm a porcelana como símbolo, um material duro e resistente que é utilizado na modelagem de pratos, xícaras e vasos.

Uma união de duas décadas não é conquistada de uma hora para outra. Precisou de tempo, modelagem e, no processo, foi diversas vezes aquecida pelos problemas que só os fortaleceu, deixando-os mais resistentes e prontos para desafios futuros. Comemorem personalizando um conjunto de xícaras para o casal e montem um belo café da manhã.

COMEMORAR JUNTOS AS BODAS DE ZIRCÃO (21° ANO).
O zircão é uma pedra exótica, cristalina e que se assemelha ao diamante. É conhecido por sua grande resistência e durabilidade, características que marcam o casamento que segue firme até aqui.

COMEMORAR JUNTOS AS BODAS DE LOUÇA (22° ANO).
A louça precisa ser transportada e manuseada com muito zelo para evitar quebras, além de possíveis rachaduras. E não é diferente com um casamento que, mesmo depois de tanto tempo, precisa da mesma atenção e do mesmo cuidado.

COMEMORAR JUNTOS AS BODAS DE PALHA (23° ANO).
A palha é um material versátil. Com diversas utilidades, que vão do artesanato ao combustível. É por isso que ela simboliza todo esse período de conquistas do casal e da construção de um relacionamento duradouro que se adapta conforme seu amadurecimento.

☐ COMEMORAR JUNTOS AS BODAS DE OPALA (24° ANO).

A palavra "opala" significa "pedra preciosa". É um mineral muito raro e possui uma variação de cores muito grande, o que faz seu tom mudar de acordo com o ângulo. Por conta dessa beleza, é o material escolhido para representar esse período de união, o qual tem uma beleza única e é muito admirado pelas pessoas ao redor.

☐ COMEMORAR JUNTOS AS BODAS DE PRATA (25° ANO).

As bodas de prata são uma das mais comemoradas pelos casais. Ela é muito esperada. Atualmente, as bodas de 25 anos são comemoradas com um grande evento em família. É costume, também, aproveitar a ocasião para trocar as alianças por um modelo novo ou colocar um filete de prata na aliança existente.

☐ COMEMORAR JUNTOS AS BODAS DE ALEXANDRITA (26° ANO).

A alexandrita é uma pedra preciosa pouco conhecida, mas muito valiosa. Além de beleza e raridade, ela é famosa pela resistência. Aproveitem essa comemoração em um delicioso jantar ou em uma viagem a dois.

☐ COMEMORAR JUNTOS AS BODAS DE CRISOPÁZIO (27° ANO).

Uma variedade que possui mais valor do que o quartzo cripto. Ela é considerada uma das pedras mais valiosas, como esse período de relação entre o casal. Antigamente, os gregos acreditavam que ela protegia contra a depressão, e os egípcios, que ela trazia proteção.

☐ COMEMORAR JUNTOS AS BODAS DE HEMATITA (28° ANO).

Também conhecida como diamante-negro, a hematita representa a coragem. Constituída de material resistente, ela passa por várias fases até chegar na sua forma final, assim como é a união de um casal.

COMEMORAR JUNTOS AS BODAS DE ERVA (29° ANO).
Representa o sabor, o tempero e o aroma agradáveis de uma relação saudável e sólida. Afinal, trata-se de um período de cumplicidade diária e de grandes conquistas a dois.

COMEMORAR JUNTOS AS BODAS DE PÉROLA (30° ANO).
Assim como as pérolas, o amor do casal neste momento do relacionamento é antigo e forte, e passou no teste do tempo sem se enfraquecer. Troquem presentes especiais. Como é uma data para poucos, vale comemorar com uma festa ou um jantar bem especial com a família.

COMEMORAR JUNTOS AS BODAS DE NÁCAR (31° ANO).
Esse período é ilustrado pela rigidez, riqueza em nutrientes e versatilidade do nácar (também conhecido como madrepérola), uma substância que reveste conchas e é utilizada, inclusive, em instrumentos musicais. Isso mostra ao casal que, com tanto tempo unidos, saúde emocional e diversão são benefícios aproveitados diariamente.

COMEMORAR JUNTOS AS BODAS DE PINHO (32° ANO).
Desde que foi semeado até seu crescimento, o pinho vive várias fases, sendo exposto a diferentes condições no ambiente em que cresceu. Assim também é o casal que cultivou o amor e conseguiu chegar até aqui unido.

COMEMORAR JUNTOS AS BODAS DE CRIZO (33° ANO).
Uma característica interessante do crizo é que cada pedra possui uma variação única de cores, algo que inspira o casal a viver com ainda mais alegria e plenitude o amor que eles vêm cultivando há tanto tempo.

☐ COMEMORAR JUNTOS AS BODAS DE OLIVEIRA (34° ANO).

A oliveira é símbolo de paz, de perseverança e de união. A sua transformação em azeite é uma bela analogia que mostra ao casal que o melhor de ambos sempre será usado para temperar o amor de um pelo outro.

☐ COMEMORAR JUNTOS AS BODAS DE CORAL (35° ANO).

Os corais levam anos até se formarem totalmente. Eles se unem pouco a pouco para se transformar em resistentes estruturas aquáticas, verdadeiras colônias de seres vivos, com um propósito em comum. De certa forma, é isso que acontece com o casal, que evolui em busca de perpetuar o relacionamento, fazendo-o mais firme e vivo dia após dia.

☐ COMEMORAR JUNTOS AS BODAS DE CEDRO (36° ANO).

O cedro é uma árvore que chega a grandes alturas — cerca de 25 metros de comprimento — e, por isso, caracteriza-se por ter um tronco firme. Assim é todo o período do casal até aqui, com fortes e resistentes raízes que sustentam a vida a dois.

☐ COMEMORAR JUNTOS AS BODAS DE AVENTURINA (37° ANO).

A aventurina é uma pedra preciosa de beleza singular e rara. Assim é esse casamento: precioso.

☐ COMEMORAR JUNTOS AS BODAS DE CARVALHO (38° ANO).

O carvalho é um elemento bastante utilizado para armazenar substâncias com eficiência. Sua resistência e capacidade protetora são os símbolos e exemplos para vocês que chegaram até aqui unidos.

COMEMORAR JUNTOS AS BODAS DE MÁRMORE (39° ANO).

Caro, belo, resistente e de polimento ímpar, o mármore é um material nobre que representa muito bem esse longo período de vida que vocês passaram juntos.

COMEMORAR JUNTOS AS BODAS DE RUBI OU DE ESMERALDA (40° ANO).

O rubi é uma pedra preciosa vermelha, muito valiosa, e o vermelho é popularmente conhecido como a cor da paixão e do amor. Outra característica é a sua resistência, considerada uma das pedras mais duras da natureza, sendo superada apenas pelo diamante. O rubi simboliza a consolidação e a fortificação do amor do casal ao longo de todos esses anos juntos.

Já a esmeralda é associada ao amor incondicional. Entre os egípcios, era denominada "guardiã do amor". Troquem presentes especiais, mas se quiserem fazer diferente, uma viagem romântica para um lugar especial nunca antes visitado é uma forma de marcar a data com grande estilo.

COMEMORAR JUNTOS AS BODAS DE SEDA (41° ANO).

Um material fino e delicado, cuja produção é trabalhosa e lenta. Essas são as características da seda e do casamento de vocês, que vem sendo construído até aqui com muito respeito, dedicação e companheirismo mútuos.

COMEMORAR JUNTOS AS BODAS DE PRATA DOURADA (42° ANO).

Representa o vigor e o equilíbrio, tão necessários para um casamento sólido. O material é nobre, raro e bastante resistente. Celebrem com algo especial, pois vocês merecem.

☐ COMEMORAR JUNTOS AS BODAS DE AZEVICHE (43° ANO).

Espécie de carvão duro e uniforme, o azeviche pode ser polido e esculpido até ficar brilhante. É a representação ideal para esse período de casamento, porque diversas fases marcam o amadurecimento completo do material.

☐ COMEMORAR JUNTOS AS BODAS DE CARBONATO (44° ANO).

Esse é um elemento comumente utilizado para auxiliar a cicatrização. É, além disso, um composto de pequenos cristais. Representa toda a solidez do relacionamento que vocês construíram ao longo de todos esses anos juntos.

☐ COMEMORAR JUNTOS AS BODAS DE PLATINA OU DE SAFIRA (45° ANO).

A platina é um metal sólido, que pode ser maleável, mas geralmente é rígido, durável, estável e difícil de oxidar. Já a safira é uma pedra consistente, tida como um talismã do amor e da união perfeita. Comemorem em grande estilo com um jantar à luz de velas em um restaurante super charmoso.

☐ COMEMORAR JUNTOS AS BODAS DE ALABASTRO (46° ANO).

O alabastro é um mineral que se parece com o mármore branco. Está relacionado à nobreza, à prosperidade e à fartura, assim como todo esse período de vida compartilhada.

☐ COMEMORAR JUNTOS AS BODAS DE JASPE (47° ANO).

Pedra de beleza singular, é uma variação do quartzo com tom avermelhado. É a perfeita representação da rigidez e da vitalidade de um relacionamento duradouro.

COMEMORAR JUNTOS AS BODAS DE GRANITO (48° ANO).
O granito é uma rocha que resulta da junção de diversos minerais. Duro, resistente e belo, representa a união que resiste ao tempo e, também, um mix de sentimentos, como companheirismo, amor, amizade, cumplicidade e fidelidade, que sustentam o casamento de vocês ao longo dos anos.

COMEMORAR JUNTOS AS BODAS DE HELIOTRÓPIO (49° ANO).
O heliotrópio é uma pedra associada à vitalidade. Seu nome — dado pelos gregos — significa "sol" (*helios*) e "direção" (*tropos*), porque é capaz de refletir raios solares em uma cor avermelhada. A ele também estão relacionadas a calmaria, a pureza e a longevidade, qualidades que o casamento de vocês adquiriu durante todos esses anos juntos.

COMEMORAR JUNTOS AS BODAS DE OURO (50° ANO).
O ouro está associado à riqueza, à rigidez e à durabilidade. E as bodas de ouro são uma das comemorações mais tradicionais da nossa cultura. A data merece uma grande festa, com direito à renovação dos votos e troca de alianças. Essa celebração ajuda a marcar a união constituída de muito amor, afeto, carinho, tolerância e desafios que vocês viveram até aqui. Isso não é para qualquer um nos dias de hoje, e, portanto, deve ser celebrado em grande estilo!

*"Apressa-te a viver bem e pensa que cada dia é, por si só, uma vida."*

— SÊNECA

☐ PREFERIR SER FELIZ DO QUE ESTAR SEMPRE CERTO OU CERTA.

☐ TER UM RELACIONAMENTO REALISTA COM O CÔNJUGE.
O melhor que você pode fazer é declarar explicitamente suas expectativas para seu parceiro. Fale sobre os desafios para atender os desejos um do outro. Em seguida, comprometa-se a aperfeiçoar essas expectativas para que ambos possam ser felizes. Uma relação realista é cheia de desafios e é preciso se comprometer com seu sucesso. Pare de idealizar um convívio perfeito. Expectativas irrealistas sobre relacionamentos vão acabar por sabotar não só este, mas todas as relações que você tiver. Quanto mais realistas vocês forem um com o outro, mais forte se tornará a convivência do casal.

☐ ESCOLHER UM DIA, DE REPENTE, SEM PLANEJAR ANTES, E ALUGAR UMA LIMUSINE E FAZER UMA FESTA A DOIS DANDO UMA VOLTA PELA CIDADE.

☐ SABER DIVIDIR O ESPAÇO COM O PARCEIRO.

☐ SER RECEPTIVO, JUNTO COM SEU AMOR, ÀS MUDANÇAS E ADAPTAÇÕES QUE PRECISAM SER FEITAS AO LONGO DESSA VERDADEIRA VIAGEM A DOIS CHAMADA CASAMENTO.

☐ ABRIR MÃO JUNTOS DE ALGUMAS COISAS ESPONTANEAMENTE.

☐ EVITAR DISCUSSÕES NOVAS DE ASSUNTOS VELHOS COM SEU PAR.

- [ ] JOGAR NO MESMO TIME SEMPRE, DEFENDENDO O MESMO LADO E A MESMA CAMISA. DESSA FORMA, FICA TUDO MUITO MAIS FÁCIL.

- [ ] DIVIDIR TUDO QUE TE PERTENCE COM SEU PARCEIRO DE VIDA.

- [ ] SUPERAR JUNTOS TODOS OS TRAUMAS.

- [ ] MIMAR O CÔNJUGE.

- [ ] SER FIEL AO SEU PAR E AO RELACIONAMENTO QUE VOCÊS ESTÃO CONSTRUINDO.

- [ ] DIVIDIR AS RESPONSABILIDADES COM O PARCEIRO.

- [ ] PRATICAR EXERCÍCIOS REGULARMENTE, UM APOIANDO O OUTRO.

- [ ] PREPARAR JUNTOS UM JANTAR PARA OS AMIGOS.

- [ ] MONTAR UM QUEBRA-CABEÇA DE MIL PEÇAS.

*"Nem muitas águas conseguem apagar o amor; os rios não conseguem levá-lo na correnteza. Se alguém oferecesse todas as riquezas da sua casa para adquirir o amor, seria totalmente desprezado."*

— CÂNTICOS 8:7

- [ ] LIGAR DURANTE O DIA E DIZER QUE ESTÁ COM SAUDADES.

- [ ] VISITAR JUNTOS AS CASAS DOS SEUS SONHOS.

- [ ] VISITAR JUNTOS OS APARTAMENTOS DOS SEUS SONHOS.

- [ ] VISITAR LOJAS DE MÓVEIS PARA REFORMAR A CASA DE VOCÊS.

- [ ] DESCONECTAR-SE DAS REDES SOCIAIS E INTERNET POR UM DIA INTEIRO, OU ATÉ MESMO POR UMA SEMANA.

- [ ] DIZER AO CÔNJUGE: "VOCÊ É O AMOR DA MINHA VIDA."

- [ ] ELOGIAR O PARCEIRO A RESPEITO DA ROUPA QUE ESTÁ VESTINDO.

- [ ] PEDIR A OPINIÃO DO SEU AMOR SOBRE A QUESTÃO DO MOMENTO, PARA ASSIM, ACHAREM JUNTOS A SOLUÇÃO.

- [ ] DIZER AO SEU PAR COMO ELE ESTÁ BONITO, MARAVILHOSO E ESPECIAL HOJE.

- [ ] DIZER QUE O SEU AMOR O INSPIRA A SER CADA DIA MELHOR.

- [ ] DIZER AO SEU PARCEIRO QUE VOCÊ AMA SUA VOZ, SEU OLHAR E O SEU JEITO DE SER.

DEMONSTRAR AMOR, AFETO E CARINHO EM PÚBLICO.

Quando os casais se amam e vivem em perfeita sintonia, não se importam de demonstrar isso em público, seja na forma de um carinho no rosto, andar abraçados ou sentar-se juntos. É visível quando o casal está feliz simplesmente olhando esses detalhes.

O CASAL DEVE FAZER SEXO NO MÍNIMO UMA VEZ POR SEMANA.

Transar uma vez por semana é suficiente para um casamento sexualmente feliz e também para manter o nível de bem-estar entre o casal. O que não significa que fazer sexo mais vezes do que isso faça mal. Esse mínimo, porém, já pode garantir a felicidade no casamento. Se o sexo é uma coisa que lhe faz bem, você se sente bem e o outro fica feliz, disponibilize-se a fazê-lo com mais frequência.

JAMAIS DURMAM BRIGADOS UM COM O OUTRO.

Discussões e desentendimentos todo casal tem, isso é fato. Os casais felizes, porém, procuram sempre resolver seus problemas antes de dormir, até porque dormir um virado de costas para o outro não faz nada bem ao relacionamento. Nada melhor do que se reconciliar e dormir abraçadinho com seu amor, independente de quão feia tenha sido a discussão.

FAZER JUNTOS UM *TEST DRIVE* COM CARROS DOS SONHOS.

COLOCAR JUNTOS AS FINANÇAS PESSOAIS EM ORDEM.

ACEITAR O CÔNJUGE COMO ELE É.

SER CARINHOSO COM SEU AMOR; O CARINHO QUEBRA QUALQUER CORAÇÃO DE PEDRA.

- [ ] RENUNCIAR À RAZÃO E AGIR COM O CORAÇÃO.

- [ ] PROVAR O MAIOR NÚMERO DE COMIDAS DIFERENTES QUE CONSEGUIREM.

- [ ] FAZER UMA GUERRINHA DE BALÕES DE ÁGUA.

- [ ] TIRAR FOTOS JUNTOS EM UMA PAISAGEM 3D.

- [ ] FAZER UM COLAR DE CONCHINHAS PARA SEU PARCEIRO.

- [ ] COMPOR UMA MÚSICA PARA SEU PAR.

- [ ] ESCREVER UMA POESIA PARA O AMOR DA SUA VIDA.

- [ ] O CASAL DEVE COLOCAR MÚSICAS EM CASA E DANÇAREM A SÓS, GRUDADINHOS E BEM JUNTINHOS NO MAIOR *LOVE*.

*"Se soubéssemos quantas e quantas vezes as nossas palavras são mal interpretadas, haveria muito mais silêncio neste mundo."*

— OSCAR WILDE

- [ ] FAZER JUNTOS UMA SESSÃO DE PSICANÁLISE.

- [ ] INCENTIVAR SEU PARCEIRO A CUIDAR DA SAÚDE.

- [ ] APRENDER JUNTOS UMA NOVA PROFISSÃO.

- [ ] REVER SONHOS E PROJETOS EM COMUM QUE FICARAM NO PASSADO.

- [ ] FAZER JUNTOS UMA DIETA PARA MELHORAR A ALIMENTAÇÃO.



- [ ] ENCENAR JUNTOS UMA PEÇA DE TEATRO.

- [ ] EXERCITAR SEMPRE O BOM HUMOR A FAVOR DO CASAL.

- [ ] ANDAR JUNTOS DE PATINS.

- [ ] APRESENTAR SEU AMADO PARA SEUS AMIGOS.

- [ ] JOGAR JUNTOS UMA PARTIDA DE GOLFE.

- [ ] PASSEAR JUNTOS EM UM ELEFANTE.

- [ ] PASSEAR JUNTOS EM UM CAMELO.

- [ ] ESFORÇAR-SE PARA QUE CADA UM TENHA O PRÓPRIO CARRO.

INVESTIR NA AUTOESTIMA FARÁ DE VOCÊS UM CASAL ALTAMENTE CONFIANTE E VALORIZADO.

OLHAR E PLANEJAR JUNTOS O FUTURO DO CASAL.

O casal precisa fazer planos e projetos conjuntos, considerando o futuro de cada um, e também o futuro do relacionamento. Façam os seus planos adequando-os ao tipo de situação que cada um tem no momento. As situações são transitórias, mas podem se tornar crônicas, caso alguns hábitos não sejam acertados. Quanto mais projetos e objetivos vocês tiverem em comum, mais fortalecido será o relacionamento. Abrir mão e ceder faz parte, mas tem que ser igual para ambos os lados.

ESTUDAR JUNTOS FUNDAMENTOS DE CIÊNCIA QUÂNTICA.

ESTUDAR JUNTOS FUNDAMENTOS DE PSICOLOGIA.

ESTUDAR JUNTOS TEOLOGIA.

COMPARTILHAR SEUS SENTIMENTOS COM SEU PAR.

PROTEGER E CUIDAR DO CÔNJUGE.

O casamento precisa de paixão, de desejo, de companheirismo, de diálogo e do cuidado de um com o outro. O carinho dedicado mutuamente é fundamental para manter a intimidade e a proximidade do casal. A força da vida a dois é resultado da saúde individual do casal. Agir com solicitude e cobrir a pessoa amada de cuidados é um ato humano venerável; afinal, nesta vida, quem ama cuida. Cuidar significa tomar conta, seja de si mesmo ou de outra pessoa.

Quando formamos um casal e assumimos uma relação, estamos nos comprometendo, entre outras coisas, a cuidar um do outro. Casais que enfrentam e resolvem suas crises juntos são como a liga de aço: quando lançada ao fogo, ela volta com sua consistência mais forte e ainda mais resistente. Gestos de cuidado e carinho, como abraços, beijos, fazer refeições juntos sempre que possível, partilhar dos acontecimentos, fazer planos juntos, compartilhar os sentimentos, conversar, sentar-se próximo e tocar um no outro, mesmo que cada um esteja fazendo uma tarefa diferente, são gestos que contribuem para a intimidade, o afeto e que fortalecem a relação do casal.

- [ ] EXPRESSAR SEUS PENSAMENTOS UM AO OUTRO.
- [ ] EXERCITAR PACIÊNCIA UM COM O OUTRO.
- [ ] RESPEITAR O RITMO UM DO OUTRO.
- [ ] SER O MAIOR ADMIRADOR DO SEU CÔNJUGE.
- [ ] INVESTIR NA ESSÊNCIA DO ROMANTISMO.
- [ ] PERDOAR-SE POR ERROS DO PASSADO.

*"Ser sempre humildes, bem-educados e pacientes, suportando uns aos outros com amor."*

— EFÉSIOS 4:2

DORMIR SEMPRE QUE PUDER NO MESMO HORÁRIO E JUNTOS.

O CASAL DEVE DESLIGAR O CELULAR QUANDO ESTIVER DESFRUTANDO DE UM MOMENTO ESPECIAL, SOMENTE OS DOIS, EM UMA OCASIÃO SINGULAR E ÍMPAR.

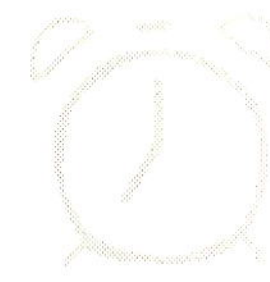

DESLIGAR A TELEVISÃO QUANDO VOCÊS ESTIVEREM CONVERSANDO OU EM QUALQUER OUTRO MOMENTO QUE PRECISEM TER A ATENÇÃO UM DO OUTRO.

RECLAMAR MENOS COM O CÔNJUGE.

Reclamar é um hábito muito feio. Aquele que reclama habitualmente se torna desagradável, amargo e cria um ambiente hostil em torno de si. O casal deve praticar a gratidão como resposta automática em lugar da reclamação.

ENTENDER O LIMITE DO SEU CÔNJUGE.

Você se casou e passou a participar intimamente da vida de outra pessoa e isso requer boas doses de respeito e de confiança; com certeza ambos terão que renunciar a alguns hábitos. O casal terá que aprender a lidar com as diferenças, costumes de cada um e a compreender as necessidades um do outro. Você passou a dividir o mesmo guarda-roupa, o mesmo banheiro e a mesma cama. Hummmm... parecia tudo maravilhoso e trazia uma sensação de liberdade. Mas, de repente, nada disso aconteceu. Em vez de impor o que você quer, entenda os limites da pessoa e o ponto de vista dela.

Comunique seus sentimentos e pensamentos para o parceiro; isso mantém os laços fortes. Seja sensível para entender o que faz a outra pessoa feliz ou triste. Sinta e compartilhe as alegrias ou as dores de seu amor. Não tente mudar seu cônjuge, pois todos têm suas qualidades únicas; independente se gosta ou não, nunca diga à pessoa para mudar. Aceite-a como ela é.

COBRAR MENOS O SEU CÔNJUGE.

*"Portanto, agora existem estas três coisas: a fé, a esperança e o amor. Porém a maior delas é o amor."*

— 1 CORÍNTIOS 13:13

- [ ] LEVAR SEU PAR ÀS FESTAS DA EMPRESA.

- [ ] TER EM MENTE A PRÁTICA DE SEREM ETERNOS NAMORADOS.

- [ ] ESCOLHER UM DIA DA SEMANA PARA SAÍREM A SÓS.

- [ ] NÃO SÓ OUVIR, MAS TAMBÉM ESCUTAR SEU CÔNJUGE.

"Ouvir", segundo o dicionário, é "perceber os sons pelo sentido do ouvido", e "escutar" é "tornar-se atento para ouvir". Aprender a escutar o cônjuge vai muito além de se sentar ao seu lado e ficar calado para que ele fale; é preciso ter atenção ao que o outro diz. Então, não apenas ouça, escute. Saber como enfrentar as situações, prestando atenção ao que o outro diz, faz toda a diferença para que a conversa seja um momento agradável e saudável entre o casal.

Esforce-se para não chegar a uma conversa armado e cheio de suposições; apenas ouça, escute com o coração e busque compreender o sentimento do outro. Aprenda a escutar seu cônjuge, colocando-se no lugar dele. Dê atenção aos problemas que são só dele e os trate como se fossem seus também. Se o assunto discutido for algo relacionado aos dois, melhor ainda, pois a conversa será uma ótima oportunidade para que o casal chegue junto a uma solução. Às vezes, o outro deseja somente desabafar, não está buscando uma solução, somente um conforto nos braços da pessoa amada.

Quando esse momento chegar, seja um amigo em quem seu parceiro possa confiar e ofereça esse conforto sem se preocupar em passar um sermão. Aprenda a ouvir e escutar seu cônjuge, mas saiba que isso requer esforço, dedicação do casal e vale muito a pena. É o caminho para permitir que o amor de Deus, a compreensão e a sua infinita misericórdia façam parte do seu relacionamento.

☐ O CASAL DEVE SEMPRE TER A ATITUDE DE RESPEITAR UM AO OUTRO.

☐ MORDER DELICADAMENTE O CÔNJUGE.

☐ PEDIR PERDÃO PARA SEU AMOR, MESMO QUANDO VOCÊ ESTÁ COM A RAZÃO.

☐ FAZER SEU PARCEIRO SE SENTIR ESPECIAL.

☐ DEDICAR UM TEMPO ESPECIAL PARA A PESSOA AMADA.

☐ ADMITIR OS ERROS JUNTO COM SEU PAR.

☐ RECEBER SEU AMOR NA PORTA QUANDO UM DE VOCÊS ESTIVER CHEGANDO AO LAR.

☐ ACOMPANHAR O CÔNJUGE ATÉ A PORTA QUANDO ESTIVER SAINDO.

☐ ABENÇOAR O SEU CÔNJUGE.

☐ IR AO ESCRITÓRIO DO PARCEIRO E SUGERIR UM ALMOÇO RÁPIDO.

☐ BUSCAR JUNTOS OS FILHOS NA ESCOLA.

☐ LEVAR O CÔNJUGE EM UMA VIAGEM DE NEGÓCIOS.

☐ APRESENTAR O PARCEIRO PARA SEUS COLEGAS DE TRABALHO.

FREQUENTAR JUNTOS A REUNIÃO ESCOLAR DOS FILHOS.

DIZER AO SEU AMOR O QUANTO ELE ESTÁ CHEIROSO.

COLOCAR SEU PAR NO COLO E FICAR UM BOM TEMPO ABRAÇADOS.

PERGUNTAR COMO FOI O DIA DO SEU PARCEIRO.

OFERECER UMA MASSAGEM PARA AGRADAR SEU AMOR.

*"Não abandonar a lealdade e a fidelidade; guardá-las sempre bem gravadas no coração."*

— PROVÉRBIOS 3.3

- [ ] DEIXAR AS CRIANÇAS COM OS AVÓS, A BABÁ OU ALGUM PARENTE PELO MENOS UMA VEZ POR MÊS, PARA VOCÊS FICAREM A SÓS.

- [ ] LEVAR O CÔNJUGE EM UMA CONVENÇÃO DA SUA EMPRESA.

- [ ] O CASAL DEVE DESENVOLVER O GOSTO POR CORRER MARATONAS JUNTOS

Correr junto com a pessoa amada é algo maravilhoso, uma experiência fora do comum que traz benefícios incalculáveis, exige todo um planejamento e estratégia, sem falar no fator motivacional que um traz para o outro. O casal passa a ter foco, a ficar mais unido e mais forte.

O treinamento para correr uma maratona prepara os dois de uma forma inteligente, podendo aplicar o aprendizado em todas as áreas da vida de vocês. Como a cereja do bolo, ainda tem as viagens incríveis que farão ao se inscreverem nas maratonas pelo Brasil e também mundo afora. Pode ter certeza de que nessa corrida da vida a dois vocês estarão cada vez mais preparados para lidar com a rotina do dia a dia.

- [ ] O CASAL DEVE SE ALIMENTAR DA PALAVRA DE DEUS JUNTO, PARA FORTALECER O CASAMENTO ESPIRITUALMENTE.

- [ ] BEIJAR SEU AMOR NA CHUVA.

- [ ] ABRAÇAR UMA CAUSA SOCIAL QUE SEJA IMPORTANTE PARA VOCÊS.

- [ ] NOTAR O CORTE DE CABELO DO CÔNJUGE E PERCEBER QUE AS MUDANÇAS QUE ACONTECEM NA PESSOA AMADA TÊM MUITO VALOR.

- [ ] LAVAR A LOUÇA JUNTOS.

- [ ] CULTIVAR LEGUMES, HORTALIÇAS E ÁRVORES FRUTÍFERAS JUNTOS.

- [ ] FAZER AMOR COM OUSADIA, MAS NA MEDIDA CERTA.

- [ ] PASSEAR JUNTOS EM UMA FEIRA DE ARTESANATO.

- [ ] FAZER ELOGIOS AO CÔNJUGE.

- [ ] CONHECER OS DESEJOS DO PARCEIRO.

- [ ] TIRE SELFIES APAIXONADAS, REGISTRANDO OS MELHORES MOMENTOS DO SEU DIA A DIA.

- [ ] O CASAL DEVE IR A UMA FESTA À FANTASIA COM ROUPAS QUE DIALOGUEM. EXEMPLO: MULHER MARAVILHA E SUPERMAN.

- [ ] APROVEITAR UM FRIOZINHO DEBAIXO DO COBERTOR.

- [ ] ESCREVER UMA MÚSICA JUNTOS.

*"A paixão aumenta em função dos obstáculos que se lhe opõem."*

— WILLIAM SHAKESPEARE

- [ ] OLHAR PARA AS VIRTUDES DO CÔNJUGE.

- [ ] O CASAL DEVE TER O PRAZER DE JANTAR EM UM BISTRÔ.

- [ ] O CASAL DEVE PLANEJAR AS FÉRIAS JUNTOS.

- [ ] CRIAR UMA RECEITA DE COMIDA JUNTOS.

- [ ] LEVAR OS AVÓS DO CÔNJUGE PARA PASSEAR.

- [ ] RENOVAR OS MÓVEIS DA CASA PERIODICAMENTE.

- [ ] MUDAR PELO MENOS UMA VEZ NA VIDA DE ENDEREÇO.

- [ ] ABRIR O CORAÇÃO PARA A PESSOA AMADA, SEMPRE COM MUITA SINCERIDADE.

- [ ] FALAR DOS PONTOS POSITIVOS QUE VOCÊ ENXERGA NO PARCEIRO.

- [ ] PASSEAR NO SHOPPING COM SEU AMOR.

- [ ] ESCREVER UMA POESIA JUNTOS.

- [ ] PASSEAR COM A MÃE DO SEU PAR.

- [ ] UM DEVE OUVIR O OUTRO, SEM RECLAMAR OU INTERROMPER, MESMO QUE O ASSUNTO SEJA REPETIDO.

- [ ] FALAR SOBRE A ADMIRAÇÃO QUE VOCÊ SENTE PELO CÔNJUGE.

LEMBRAR-SE DAS DATAS IMPORTANTES PARA SEU AMOR.

VER JUNTOS O ÁLBUM DO CASAMENTO E RELEMBRAR OS MELHORES MOMENTOS DO GRANDE DIA.

VER JUNTOS AS FOTOS DA VIAGEM DE LUA DE MEL.

SAIR COM OS AMIGOS EM COMUM.

PASSEAR COM O PAI DO SEU PAR.

INCENTIVAR A CARREIRA DO PARCEIRO.

INCENTIVAR O CÔNJUGE A ESTUDAR.

SER ROMÂNTICO COM A PESSOA QUE VOCÊ ESCOLHEU PARA SER SEU PARCEIRO DE VIDA.

OUVIR OS DESEJOS E AS NECESSIDADES DO SEU AMOR.

FAZER UM CHURRASCO SÓ PARA VOCÊS DOIS.

DEIXAR BILHETES ESPALHADOS PELA CASA COM RECADOS DE AMOR.

ENSINAR O CÔNJUGE A DIRIGIR O CARRO, A MOTO, A LANCHA OU QUALQUER OUTRO VEÍCULO QUE ELE DESEJAR, MAS SEMPRE ESBANJANDO PACIÊNCIA.

COLOCAR UM PORTA-RETRATO DE VOCÊS DOIS NA MESA DO ESCRITÓRIO.

☐ FAZER UM PRESENTE ARTESANAL, COM SUAS PRÓPRIAS MÃOS, PARA SURPREENDER SEU AMOR.

☐ FAZER UMA LISTA COM AS PRINCIPAIS MÚSICAS QUE SEU PAR GOSTA E ENVIAR PARA A BIBLIOTECA MUSICAL DELE.

☐ ENVIAR UM CARTÃO ESPECIAL PELO CORREIO QUANDO SEU PARCEIRO ESTIVER VIAJANDO.

☐ COLOCAR BILHETES COM RECADOS AMOROSOS NA MALA QUANDO SEU AMOR VIAJAR SEM VOCÊ.

☐ ENVIAR FOTOS ROMÂNTICAS PARA O CELULAR DO PARCEIRO ESPORADICAMENTE DURANTE O DIA.

☐ ENVIAR FLORES QUANDO SEU AMADO ESTIVER NO TRABALHO.

☐ APAIXONAR-SE TODOS OS DIAS PELA PESSOA COM QUEM VOCÊ ESCOLHEU PARTILHAR A VIDA.

☐ SERVIR O CÔNJUGE.
Uma grande demonstração de amor do casal é quando um está servindo o outro. A mentalidade correta de cada um deve ser a de servir, e não ser servido. E servir está diretamente ligado ao dever de cada cônjuge, ou seja, viver para amar e promover a felicidade de quem você ama.

☐ TER SABEDORIA PARA DIZER NÃO PARA SEU PAR SEMPRE QUE VOCÊ ACHAR NECESSÁRIO.

- [ ] TER SABEDORIA PARA DIZER SIM PARA O PARCEIRO NA MEDIDA DO POSSÍVEL.

- [ ] DIZER O QUANTO SEU AMADO ESTÁ ATRAENTE NO DIA.

- [ ] ABRIR A PORTA DO CARRO PARA SEU AMOR.

- [ ] COLOCAR FOTOS DE VOCÊS DOIS JUNTOS EM MOMENTOS ROMÂNTICOS NA MALA DO PARCEIRO QUANDO ELE FOR VIAJAR SOZINHO.

- [ ] ENVIAR PELO CORREIO UMA CARTA ESCRITA À MÃO PARA A PESSOA AMADA.

Isso pode até ser brega, estar fora de moda, mas tem muito glamour! E mostra para ele que você não cansa de demonstrar todo o amor que você sente de todas as formas possíveis e imagináveis!

- [ ] DEIXAR UMA MENSAGEM DE AMOR ESCRITA NO ESPELHO DO BANHEIRO.

- [ ] ANDAR SEMPRE DE MÃOS DADAS COM SEU PAR.

Esse é o gesto mais simples de amor entre casais, pois demonstra o quanto vocês apreciam estar um com o outro e querem deixar isso transparecer para todas as pessoas em volta. Quando o casal vive bem, onde quer que for, vai de mãos dadas sempre, demonstrando a boa relação e a cumplicidade.

- [ ] CONVERSAR ASSUNTOS RELACIONADOS A SEXO SEM TABU, PRECONCEITO OU MEDO.

Casais que se comunicam bem, principalmente sobre as relações sexuais, tendem a ter menos conflitos em outras áreas da relação e se sentem mais felizes e satisfeitos. Isso porque quando nos sentimos capazes de nos comunicar um com o outro, a autoestima aumenta. Por exemplo, fale com sinceridade e honestidade para o cônjuge que fazer amor é importante para você. Diga também o quanto é necessário para você que os dois tenham prazer e cheguem ao clímax. Conversem sobre o que gostam, não gostam e qual a posição de que gostam mais... Além disso, o que fizerem dentro de quatro paredes em comum acordo e respeito, cabe somente a vocês e mais ninguém. Sejam felizes! Sexo não é tudo, mas carrega uma boa parcela de satisfação de um casamento feliz.

☐ COLOCAR BILHETES COM RECADOS DE AMOR NO CARRO DO CÔNJUGE.

*"O amor é formado de uma só alma,*
*habitando em dois corpos."*

— ARISTÓTELES

☐ IR À ACADEMIA COM SEU AMOR.

Casal que treina junto cresce junto. Praticar uma atividade física traz inúmeros benefícios, tanto para o corpo como para a mente. Um casal que treina junto, além de cuidar da saúde, cuida também do relacionamento. Treinar acompanhado ajuda a melhorar a performance do treino. Isso porque, quando praticamos uma atividade física ao lado de quem amamos, nosso corpo aumenta consideravelmente a produção de energia e velocidade.

Nos treinos em casal fica mais fácil espantar a "preguicinha" e fazer com que os exercícios sejam muito mais intensos e produtivos. Fazer um circuito de aparelhos em sincronia, juntos, vai gerar uma sensação de conexão entre vocês dois, aumentando a confiança e deixando-os ainda mais próximos. Fortalecer a parceria por meio dos exercícios é um ótimo começo para aumentar a conexão emocional no relacionamento. Casal unido jamais será vencido!

☐ FAZER UM CURSO DE FOTOGRAFIA JUNTOS E COMEÇAR A REGISTRAR COM QUALIDADE OS MELHORES MOMENTOS DA VIDA DO CASAL.

☐ CONCILIAR AS CARREIRAS DOS DOIS E TER TEMPO PARA O AMOR.

O casal precisa ter muito "jogo de cintura" e compreensão para digerir o processo de trabalho que o outro está enfrentando e, principalmente, não deixar afetar o convívio harmonioso que sempre mantiveram. Hoje em dia, as pessoas investem muito tempo no trabalho para ter sucesso na carreira e estabilidade financeira. É o maior dilema da atualidade e afeta a maioria dos casais que necessitam equilibrar a carreira com o relacionamento. A receita do sucesso é dosar e colocar alguns limites permitindo que o convívio entre o casal não seja abalado.

Fuja eventualmente da rotina profissional para almoçar, namorar, dançar, um café, um chá da tarde ou apenas para um rápido beijo. Também é importante não levar trabalho para casa. Outra dica é evitar cobranças, para não gerar discussões desnecessárias.

Se a vida estiver corrida e os momentos a dois forem escassos por causa dos compromissos profissionais, não se esqueçam de mimar o parceiro quando vocês estiverem juntos. Invistam em tempo de qualidade. Para manter a harmonia no relacionamento e ter uma vida a dois plena, a cumplicidade e a coerência são essenciais. De vez em quando, no meio de uma reunião de trabalho, o casal deve enviar um para o outro uma mensagem carinhosa com uma frase curta de amor. Vocês nasceram para brilhar como estrelas, sem nunca um ofuscar o outro.

IR AO ESTÁDIO DE FUTEBOL COM SUA ALMA GÊMEA.

MUDAR A DECORAÇÃO DA SALA DE ESTAR DA SUA CASA.

MUDAR A DECORAÇÃO DO ESCRITÓRIO.

MUDAR A DECORAÇÃO DO QUARTO DE SUA CASA.

TOMAR BANHO DE CACHOEIRA JUNTOS.

DESCOBRIR JUNTOS O PODER DO AMOR.

- [ ] FAZER JUNTOS UM CURSO LIVRE QUE NÃO TENHA A VER COM A ÁREA PROFISSIONAL DE NENHUM DOS DOIS.

- [ ] PRIORIZAR OS PEDIDOS DO CÔNJUGE.

- [ ] TOCAR SEU AMOR O MÁXIMO QUE PUDER O TEMPO TODO.

- [ ] CONVERSAR SEMPRE UM OLHANDO NOS OLHOS DO OUTRO.

- [ ] EMPRESTAR SEMPRE SUAS COISAS PARA SEU PAR.

- [ ] CHAMAR UM CARRO DE APLICATIVO PARA O PARCEIRO QUANDO ELE ESTIVER ATRASADO.

- [ ] COMPRAR UM PRESENTE ON-LINE E DEIXAR A PESSOA AMADA RECEBER E ABRIR O PACOTE, PARA QUE REALMENTE SEJA UMA SURPRESA INCRIVELMENTE ROMÂNTICA.

- [ ] LAVAR A LOUÇA NA CASA DOS PAIS DO CÔNJUGE.

- [ ] ENSINAR SEUS SOGROS, COM PACIÊNCIA, A USAR O CELULAR E A DESFRUTAR DE NOVOS APLICATIVOS.

- [ ] CUIDAR DO SEU AMOR QUANDO ELE TIVER ALGUMA ENFERMIDADE.

Enfrentar uma enfermidade na família realmente é algo difícil e que muitas vezes nos desestabiliza. O casal que mantém um bom relacionamento ao enfrentar doenças crônicas aceita a sua situação e aprende maneiras eficientes de se ajustar a ela. Quem tem contentamento e satisfação no casamento encara a enfermidade como um problema dos dois, e não apenas do cônjuge doente. Afinal, se um está sofrendo, os dois são afetados profundamente, mesmo que de maneiras diferentes. Não tome atitudes das quais você pode se envergonhar mais tarde, mas sim ações que serão aplaudidas por todos à sua volta.

Para muitos casais, o momento da enfermidade é uma grande oportunidade de se aproximar de Deus, pois muitos ensinamentos que eles buscam para lidar com a doença podem ser adquiridos com a leitura da Bíblia. Demonstrem sempre consideração um ao outro. Procurem sempre desenvolver programações equilibradas. Mantenham sempre um ponto de vista positivo. Conversem sobre o futuro, os sonhos e os planos, como se nada estivesse acontecendo; façam tantas viagens quanto puderem, crendo que o melhor está por vir.

- [ ] COMPRAR PRESENTES PARA OS FAMILIARES DO SEU AMOR.

- [ ] RESPEITAR OS AMIGOS DO PARCEIRO.

- [ ] ADOTAR UM ESTILO DE VIDA MAIS SERENO E RELAXADO, QUE PROPORCIONE AO CASAL UM DESEJO MAIS FREQUENTE UM PELO OUTRO.

- [ ] DAR MENOS ATENÇÃO À VOZ DA SUA MÃE (OU SOGRA) CONTROLADORA E EXERCER JUNTOS O PAPEL DA NOVA FAMÍLIA CONSTITUÍDA APÓS O CASAMENTO.

- [ ] NA VIDA A DOIS, NÃO DEVE HAVER INTERFERÊNCIAS QUE ATRAPALHEM O CASAL NESSA NOVA JORNADA.

- [ ] ELOGIAR AS DIFERENÇAS DO SEU PAR E TUDO QUE O TORNA ESPECIAL.

- [ ] O CASAL DEVE FAZER MUITO CAFUNÉ UM NO OUTRO.

- [ ] IR AO TEATRO JUNTOS.

- [ ] COMER PASTEL NA FEIRA JUNTOS.

- [ ] NÃO ESQUECER DE FALAR "BOM DIA" PARA O CÔNJUGE.

- [ ] FALAR "BOA TARDE" PARA O SEU PARCEIRO.

- [ ] FALAR "BOA NOITE" PARA O SEU AMOR.

- [ ] NÃO ESQUECER DE FALAR "POR FAVOR" PARA SEU PAR.

- [ ] FALAR QUE VOCÊ ENTENDE SEU AMADO.

- [ ] ORGANIZAR MELHOR A ROTINA PARA CURTIR MAIS TEMPO AO LADO DE QUEM VOCÊ AMA.

- [ ] VISITAR UM PARQUE AQUÁTICO JUNTOS.

- [ ] VISITAR UM ZOOLÓGICO JUNTOS.

- [ ] JOGAR JOGOS DE TABULEIRO JUNTOS.

Jogos de tabuleiros estimulam a produção de uma substância química chamada ocitocina, conhecida como o hormônio do amor. Ao jogar com o cônjuge, a liberação desses hormônios é intensificada.

Há momentos de comunicação, estratégias, toques e elogios entre o casal. Comece já a dividir as atividades prazerosas com a pessoa que você ama.

☐ PASSEAR COM SEU AMOR PELAS MONTANHAS.

*"Como fica forte uma pessoa quando está segura de ser amada!"*

— SIGMUND FREUD

O CASAL DEVE EVITAR O DESPREZO PARA COM O OUTRO.
O desprezo contínuo cria não só o dano psicológico, mas também prejudica a própria saúde. Por esse motivo, a dica aqui é que você pense sempre em primeiro lugar nas realizações, virtudes e características positivas do cônjuge e faça um esforço consciente para ver as suas qualidades e não os seus defeitos. Veja que seu amor é uma pessoa especial e que merece ser amado e não desprezado.

O antídoto contra o desprezo, e que deve ser praticado pelo casal desde já, é olhar para o outro com apreço, atenção, consideração, deferência, respeito, estima, aplauso, elogio, louvor, afeição, atração, empatia, simpatia, amor, fascinação, ternura e veneração. Só assim o casamento resiste e se fortalece. O amor renasce e floresce a cada dia, exibindo um grande jardim perfumado com o aroma romântico desta linda vida a dois.

EVITAR ATITUDES EVASIVAS PARA COM O CÔNJUGE.
Ser evasivo significa não ter verdade no que você diz, faz ou pensa. Algo que pode ser ligado à mentira, ao engano ou à trapaça. Então o conselho a seguir serve para os dois: evitem atitudes evasivas. Antes disso, pratiquem o contrário: sejam taxativos, claros, precisos e objetivos. Assim, a viagem a dois ficará maravilhosa.

DEIXAR DE SER O PAPAI E A MAMÃE POR UMA NOITE E FAZER UM PROGRAMA DE CASAL.

O FILHO É DOS DOIS, O QUE TORNA NECESSÁRIO DIVIDIR AS TAREFAS.
O nascimento de um filho anuncia uma transição na vida dos casais e tem repercussões reais no relacionamento. A rotina muda, assim como as principais preocupações e as prioridades do casal. Enfrentar

essa mudança é um desafio sem igual e, para manter um bom relacionamento, é essencial se ater a alguns fatores no dia a dia.

Muitos casais, após o nascimento dos filhos, perdem a intimidade e a comunicação. A partir daí, os principais assuntos passam a ser relacionados aos filhos, e o relacionamento corre o risco de ser deixado em segundo plano porque o casal investe cada vez menos tempo no convívio e na conexão entre si.

Para evitar isso, é preciso haver mudanças na dinâmica do casal. Comecem compartilhando as responsabilidades e dividindo tarefas, não deixando que o outro fique sobrecarregado. O importante é que os dois assumam incumbências com autonomia: dar banho, preparar café da manhã, limpar a casa, fazer compras, levar para a escola, entre outras coisas. Ah! Uma dica para os homens: leve o bebê até a mãe para mamar, depois coloque-o para arrotar e traga-o de volta ao berço. São tarefas simples que o papai pode fazer, mas que representam um grande alívio às esposas.

Compartilhar as responsabilidades torna o cotidiano menos estressante, fortalecendo o relacionamento e a cumplicidade entre o casal. Assim, um sabe que sempre pode contar com o outro e fica mais fácil garantir que cada parceiro tenha pelo menos um tempinho no dia para descansar, ler um livro, fazer exercícios ou cuidar da saúde. Continuar fazendo coisas que os fazem felizes é importante para nutrir a felicidade do casal e da família. O diálogo é fundamental para que o casal consiga manter a intimidade e não se afastar com as dificuldades do cotidiano. Entender o que o outro sente e como ele está enfrentando as mudanças ajuda a preservar o respeito, a compreensão e a paciência entre os dois.

O casal precisa entender que estão passando por uma fase de adaptação e de novas experiências, que servirá para uma aproximação ainda maior e para trazer mais cumplicidade ao casal. Colocar os filhos cedo na cama e contar com a ajuda de parentes ou amigos para cuidar das crianças por algumas horas são formas de garantir um pouco de tempo para ficar junto, mesmo com a nova rotina. Manter programas que faziam antes do nascimento do filho, como namorar e passear a dois, continua sendo importante, mesmo que isso aconteça com uma frequência bem menor.

Nem sempre é fácil, mas o casal não precisa se sentir culpado por querer realizar algo sem os filhos. Experimentem fazer isso em datas especiais como o Dia dos Namorados ou o aniversário de casamento e, assim, comecem a recriar o hábito.

### TORNAR-SE ÚNICO E ESPECIAL PARA O CÔNJUGE.

Para você se tornar especial ao outro, demonstre amor para a pessoa amada e descubra como ela acolhe e sente o amor. Para que isso aconteça, o melhor é você dialogar sempre e com sinceridade. Ofereça ajuda nas atividades práticas do cotidiano; com isso, quem sai ganhando é você mesmo, pois sua colaboração concreta faz a pessoa amada sentir-se segura a lançar-se ainda mais no amor. Não esqueça de contemplar seu parceiro com atenção. Com o tempo, será mais fácil perceber o que o faz se sentir bem ou mal. Então, se deseja mesmo se tornar especial ao outro, repita o que lhe faz bem e elimine o que lhe faz mal. Não perca tempo com picuinhas; mire o amor e ame sem medida.

Com o passar do tempo, você descobrirá que a sua felicidade é a grande recompensa. Tenha interesse pelo coração da pessoa amada. Escolha amar seu cônjuge todos os dias como se fosse a primeira vez. Quando a pessoa amada experimenta a verdade do outro, passa a ter segurança de compartilhar com simplicidade a sua verdade.

*"Os bons costumes se apoiam uns nos outros, e por isso eles duram."*

— SÊNECA

☐ DEIXAR DE COLOCAR O DESPERTADOR PARA TOCAR POR UMA NOITE, ESQUECENDO QUE AMANHÃ É DIA ÚTIL, E DEPOIS VER O QUE ACONTECE.

☐ VISITAR UMA BIBLIOTECA LOCAL; SENTAR-SE EM CADEIRAS DE CRIANÇA E LER UM LIVRO INFANTIL UM PARA O OUTRO.

☐ DESCOBRIR QUE RIR MUITO JUNTOS É UM DOS MELHORES REMÉDIOS.

Casais que riem juntos são mais felizes e têm mais chance de viver uma relação duradoura. O riso é um bom indicador de um convívio prazeroso, durável e com maior qualidade no relacionamento. Decidam rir mais e a ajudar a tornar as coisas mais leves desde já!

Riam de si próprios todos os dias quando tiverem oportunidade. Esbanjem bom humor, sejam otimistas. Os dias do casal se tornarão melhores com essa simples mudança de atitude. Além disso, o riso produz mais endorfina — o hormônio do prazer —, que controla a pressão arterial. Os níveis de outros hormônios responsáveis pelo estresse se mantêm em um padrão considerado regular, o que também é muito bom para a estabilidade do organismo.

☐ VIVER FOCADO NO SEU CASAMENTO.

O casamento é uma aliança de amor e foi instituído para ser uma fonte de felicidade. Por esse motivo, não permitam que o casamento de vocês perca o foco, tampouco desistam de ter uma união plena de alegria. Invistam no seu relacionamento conjugal. Reguem a relação todos os dias com ternura, mudem o foco das obrigações e cobranças do relacionamento e invertam o pensamento e as ações, direcionando a mente para a positividade, visualizando apenas o melhor que o outro tem e aquilo que aproxima vocês.

Tenham em mente o que cada um tem de bonito por dentro e por fora, sempre pensando no prazer de viver e compartilhar a vida com alguém. Não deixem o casamento acabar!

## VIAJAR A DOIS É BOM DEMAIS...

Sabemos que viajar traz ótimos benefícios para a saúde mental. Quando as pessoas estão mais relaxadas e se sentindo renovadas, tendem a ser mais pacientes umas com as outras. Muitos casais procuram viajar a sós para poder passar mais tempo conversando, construindo momentos inesquecíveis e renovando os laços e a paixão que sentem um pelo outro.

Ter o hábito de sempre viajar e não cair na rotina torna os relacionamentos mais duradouros. O hábito de conversar em momentos de relaxamento diminui as possibilidades de os problemas diários virarem uma bola de neve indestrutível. O seu relacionamento será outro depois que você viajar com seu cônjuge.

APROVEITAR A VIAGEM PARA FIRMAR O COMPROMISSO E DAR UM PASSO À FRENTE NA RELAÇÃO.

VIAJAR JUNTOS PARA QUALQUER LUGAR, SIMPLESMENTE PARA CURTIR UMA BOA GASTRONOMIA E VOLTAR NO MESMO DIA.

FAZER JUNTOS UMA MINIVIAGEM BEM RÁPIDA; ISSO TIRA O CASAL DA ROTINA.

AVENTURAR-SE JUNTOS PARA LUGARES INUSITADOS AUMENTA A ADRENALINA DO CASAL.

- [ ] FAZER UM PLANEJAMENTO PARA VISITAR JUNTOS PELO MENOS UM NOVO PAÍS POR ANO.

- [ ] FAZER JUNTOS UMA LINDA VIAGEM PARA CANELA (RS), CIDADE MARCADA PELA COLONIZAÇÃO ALEMÃ.

- [ ] FAZER JUNTOS UMA LINDA VIAGEM PARA ALTER DO CHÃO (PA), LUGAR CONHECIDO COMO CARIBE AMAZÔNICO.

- [ ] FAZER JUNTOS UMA LINDA VIAGEM PARA SÃO MIGUEL DOS MILAGRES (AL).

- [ ] FAZER JUNTOS UMA VIAGEM PARA ANGRA DOS REIS (RJ).

- [ ] FAZER JUNTOS UMA VIAGEM PARA A ILHA DO MEL (PR).

- [ ] FAZER JUNTOS UMA VIAGEM PARA A SERRA DA BELA ADORMECIDA (AM).

- [ ] FAZER JUNTOS UMA VIAGEM PARA MORRO DE SÃO PAULO (BA).

- [ ] FAZER JUNTOS UMA VIAGEM PARA GUARAPARI (ES).

- [ ] FAZER JUNTOS UMA VIAGEM PARA MONTE VERDE (MG).

- [ ] FAZER JUNTOS UMA VIAGEM PARA HOLAMBRA (SP), TAMBÉM CHAMADA DE CIDADE DAS FLORES.

- [ ] FAZER JUNTOS UMA VIAGEM PARA TRANCOSO (BA).

FAZER JUNTOS UMA VIAGEM PARA GOVERNADOR CELSO RAMOS (SC), UMA ILHA SÓ PARA O CASAL.

FAZER JUNTOS UMA VIAGEM PARA A ILHA DO PAPAGAIO (SC).

FAZER JUNTOS UMA VIAGEM PARA PARATY (RJ).

FAZER JUNTOS UMA VIAGEM PARA ILHABELA (SP).

FAZER JUNTOS UMA VIAGEM PARA JERICOACOARA (CE).

FAZER JUNTOS UMA VIAGEM PARA FOZ DO IGUAÇU (PR) PARA CONHECER AS LINDAS E MUNDIALMENTE CONHECIDAS CATARATAS DO IGUAÇU.

FAZER JUNTOS UMA VIAGEM PARA CUNHA (SP).

FAZER JUNTOS UMA VIAGEM PARA BENTO GONÇALVES (RS).

FAZER JUNTOS UMA VIAGEM PARA A ILHA DO AMOR (CE).

FAZER JUNTOS UMA VIAGEM PARA GRAMADO (RS).

FAZER JUNTOS UMA VIAGEM PARA CAMPOS DO JORDÃO (SP).

FAZER JUNTOS UMA VIAGEM PARA A PENÍNSULA DE MARAÚ (BA).

☐ FAZER JUNTOS UMA VIAGEM PARA GALINHOS (RN).

☐ FAZER JUNTOS UMA VIAGEM PARA CARNEIROS (PE), LOCAÇÃO CHEIA DE PRAIAS DESERTAS.

☐ FAZER JUNTOS UMA VIAGEM PARA GARIBALDI, NA SERRA GAÚCHA (RS).

☐ FAZER JUNTOS UMA VIAGEM PARA PORTO DE GALINHAS (PE).

☐ PASSAR UM FIM DE SEMANA CURTINDO O RIO DE JANEIRO.

☐ VISITAR O CRISTO REDENTOR E O PÃO DE AÇÚCAR.

☐ CONHECER BÚZIOS (RJ), A CIDADE QUE ENCANTOU BRIGITTE BARDOT.

☐ PASSAR UM FIM DE SEMANA CURTINDO SÃO PAULO.

☐ PASSEAR NO PARQUE DO IBIRAPUERA.

☐ VISITAR O INSTITUTO INHOTIM, EM MINAS GERAIS, CONSIDERADO O MAIOR MUSEU A CÉU ABERTO DO MUNDO.

☐ CONHECER A CIDADE HISTÓRICA DE OURO PRETO (MG).

☐ CONHECER BRASÍLIA E OS TESOUROS ARQUITETÔNICOS CRIADOS PELO MESTRE OSCAR NIEMEYER.

PASSAR FÉRIAS EM FLORIANÓPOLIS.

DESCOBRIR OS ENCANTOS NATURAIS DA AMAZÔNIA.

FAZER JUNTOS UMA VIAGEM PARA VENEZA (ITÁLIA) E REALIZAR O FAMOSO PASSEIO DE GÔNDOLAS.

FAZER JUNTOS UMA VIAGEM PARA CANCÚN (MÉXICO).

FAZER JUNTOS UMA VIAGEM PARA A CAPADÓCIA (TURQUIA) E PASSEAR DE BALÃO.

FAZER JUNTOS UMA VIAGEM PARA AS ILHAS MALDIVAS, NO OCEANO ÍNDICO.

FAZER JUNTOS UMA VIAGEM PARA LAS VEGAS (EUA).

FAZER JUNTOS UMA VIAGEM PARA PARIS (FRANÇA).

FAZER JUNTOS UMA VIAGEM PARA O SUL DA FRANÇA E CONHECER CIDADES COMO SAINT-TROPEZ, CANNES E NICE E DAR UM PULO AO PRINCIPADO DE MÔNACO, QUE FICA A MENOS DE UMA HORA DE DISTÂNCIA.

FAZER JUNTOS UMA VIAGEM PARA A POLINÉSIA FRANCESA.

FAZER JUNTOS UMA VIAGEM PARA PUNTA CANA (REPÚBLICA DOMINICANA).

- [ ] FAZER JUNTOS UMA VIAGEM PARA BARCELONA (ESPANHA).

- [ ] FAZER JUNTOS UMA VIAGEM PARA MYKONOS (GRÉCIA).

- [ ] FAZER JUNTOS UMA VIAGEM PARA AS ILHAS GREGAS.

- [ ] FAZER JUNTOS UMA VIAGEM PARA AS BAHAMAS.

- [ ] FAZER JUNTOS UMA VIAGEM PARA CARTAGENA DAS ÍNDIAS (COLÔMBIA).

- [ ] FAZER JUNTOS UMA VIAGEM PARA ESQUIAR EM BARILOCHE (ARGENTINA) E REALIZAR UM PASSEIO PELA ROTA DOS 7 LAGOS.

- [ ] FAZER JUNTOS UMA VIAGEM PARA AS TERMAS DE CHILLÁN (CHILE).

- [ ] FAZER JUNTOS UMA VIAGEM PARA A TAILÂNDIA.

- [ ] FAZER JUNTOS UMA VIAGEM PARA A SERRA GAÚCHA (RS).

- [ ] VIAJAR JUNTOS DE CARRO PELA FAMOSA ROTA 66, MÍTICA ESTRADA QUE LIGA CHICAGO À CALIFÓRNIA (EUA).

- [ ] VIAJAR JUNTOS PARA AS ILHAS DRY TORTUGAS, NA FLÓRIDA (EUA).

- [ ] VIAJAR JUNTOS PARA HOCKING HILLS STATE PARK, EM OHIO (EUA).

VIAJAR JUNTOS PARA CAREFREE, NO ARIZONA (EUA).

VIAJAR JUNTOS PARA WOODSTOCK, NO VERMONT (EUA).

VIAJAR JUNTOS PARA PORTLAND, NO OREGON (EUA).

VIAJAR JUNTOS PARA SANIBEL ISLAND, NA FLÓRIDA (EUA).

VIAJAR JUNTOS PARA ARCTIC NATIONAL PARK, NO ALASCA (EUA).

VIAJAR JUNTOS PARA MOLOKAI, NO HAVAÍ (EUA).

VIAJAR JUNTOS PARA NAPA VALLEY — SONOMA, NA CALIFÓRNIA (EUA).

VIAJAR JUNTOS PARA NEW ORLEANS, NA LOUISIANA (EUA).

VIAJAR JUNTOS PARA CHICAGO, EM ILLINOIS (EUA).

VIAJAR JUNTOS PARA CHARLESTON, NA CAROLINA DO SUL (EUA).

VIAJAR JUNTOS PARA SEATTLE, EM WASHINGTON (EUA).

VIAJAR JUNTOS PARA SAN FRANCISCO, NA CALIFÓRNIA (EUA).

VIAJAR JUNTOS PARA MIAMI, NA FLÓRIDA (EUA).

- [ ] CURTIR AS PRAIAS DE MIAMI E FAZER MUITAS COMPRAS.
- [ ] VIAJAR JUNTOS PARA BOSTON, EM MASSACHUSETTS (EUA).
- [ ] VIAJAR JUNTOS PARA SAINT AUGUSTINE, NA FLÓRIDA (EUA).
- [ ] VIAJAR JUNTOS PARA NASHVILLE, TENNESSEE (EUA).
- [ ] VIAJAR JUNTOS PARA MARRAKECH (MARROCOS).
- [ ] VIAJAR JUNTOS PARA LISBOA (PORTUGAL).
- [ ] PASSEAR NO FAMOSO BONDINHO 28 EM LISBOA.
- [ ] VIAJAR JUNTOS PARA SIEM REAP (CAMBOJA).
- [ ] VIAJAR JUNTOS PARA ISTAMBUL (TURQUIA).
- [ ] VIAJAR JUNTOS PARA HANÓI (VIETNÃ).
- [ ] VIAJAR JUNTOS PARA PRAGA (REPÚBLICA TCHECA).
- [ ] VIAJAR JUNTOS PARA LONDRES (REINO UNIDO).
- [ ] VIAJAR JUNTOS PARA ROMA (ITÁLIA).
- [ ] VIAJAR JUNTOS PARA BUENOS AIRES (ARGENTINA).

VIAJAR JUNTOS PARA A CIDADE DO CABO (ÁFRICA DO SUL).

VIAJAR JUNTOS PARA ZERMATT (SUÍÇA).

VIAJAR JUNTOS PARA GÖREME (TURQUIA).

VIAJAR JUNTOS PARA UBUD (INDONÉSIA).

VIAJAR JUNTOS PARA CUSCO (PERU).

VIAJAR JUNTOS PARA SÃO PETERSBURGO (RÚSSIA).

VIAJAR JUNTOS PARA BANGKOK (TAILÂNDIA).

VIAJAR JUNTOS PARA KATMANDU (NEPAL).

VIAJAR JUNTOS PARA ATENAS (GRÉCIA).

VIAJAR JUNTOS PARA BUDAPESTE (HUNGRIA).

VIAJAR JUNTOS PARA QUEENSTOWN (NOVA ZELÂNDIA).

VIAJAR JUNTOS PARA HONG KONG (CHINA).

VIAJAR JUNTOS PARA DUBAI (EMIRADOS ÁRABES UNIDOS).

VIAJAR JUNTOS PARA SYDNEY (AUSTRÁLIA).

VIAJAR JUNTOS PARA O JAPÃO.

VIAJAR JUNTOS PARA UM HOTEL FAZENDA.

☐ FAZER UMA VIAGEM COM A FAMÍLIA DO SEU CÔNJUGE.

☐ CONHECER JUNTOS A CHAPADA DIAMANTINA (MG).

☐ DESCOBRIR OS ENCANTOS NATURAIS DO PANTANAL.

☐ MERGULHAR NOS RIOS DE BONITO (MS).

☐ ADMIRAR JUNTOS OS GOLFINHOS.

☐ ADMIRAR JUNTOS AS BALEIAS.

☐ VELEJAR JUNTOS EM UM MAR BEM TRANQUILO.

☐ VISITAR AS LINDAS PRAIAS DO BRASIL.

☐ FAZER COMPRAS JUNTOS EM NOVA YORK (EUA).

☐ AGRADECER A DEUS PELA VIDA DO CÔNJUGE.

☐ VIAJAR JUNTOS PARA MONUMENT VALLEY, ENTRE OS ESTADOS DE UTAH, COLORADO, NOVO MÉXICO E ARIZONA (EUA).

☐ VISITAR JUNTOS MACHU PICCHU (PERU).

☐ VER JUNTOS A AURORA BOREAL NA NORUEGA.

☐ CAMINHAR JUNTOS PELA GRANDE MURALHA DA CHINA.

VISITAR JUNTOS AS PIRÂMIDES DO EGITO.

FAZER JUNTOS UM SAFÁRI NA ÁFRICA DO SUL.

VER JUNTOS O PÔR DO SOL EM FERNANDO DE NORONHA.

FICAR JUNTOS EM UMA POUSADA SEM ELETRICIDADE, SEM INTERNET E SEM TELEFONE.

VISITAR JUNTOS UMA ILHA.

VISITAR JUNTOS UMA TRIBO INDÍGENA.

FAZER UM CRUZEIRO JUNTOS.

NADAR JUNTOS NO MAR.

ANDAR JUNTOS DESCALÇOS NA AREIA DO MAR.

VISITAR UM OBSERVATÓRIO ASTRONÔMICO.
Indicamos a visita ao Observatório do Pico dos Dias, situado em Minas Gerais, que possui o maior telescópio óptico do Brasil. E, tendo oportunidade, o casal deve explorar os observatórios astronômicos internacionais também.

VISITAR UM AQUÁRIO.
O Brasil tem mais de 20 aquários públicos que valem a visita. Aproveite as viagens para o exterior e inclua no roteiro uma passadinha para conhecer os mais famosos.

☐ VISITAR OS PARQUES DA DISNEY, DA UNIVERSAL, O SEA WORLD, ENTRE OUTROS, ALÉM DE FAZER COMPRAS E DESFRUTAR DE ÓTIMOS RESTAURANTES EM ORLANDO, NA FLÓRIDA (EUA).

☐ ANDAR JUNTOS DE *BIKE BOAT* NA PRAIA.

☐ ANDAR JUNTOS DE LANCHA.

*"Egoísmo não é viver à nossa maneira, mas desejar que os outros vivam como nós queremos."*

— OSCAR WILDE

☐ VISITAR UM LUGAR COM NEVE.

☐ CURTIR UM FINAL DE SEMANA EM UMA CASA DE CAMPO.

☐ CURTIR FÉRIAS EM UMA FAZENDA.

☐ CURTIR UM FINAL DE SEMANA EM UMA PRAIA, FAZENDO UM "BATE E VOLTA".

Uma das opções mais práticas para o casal sair da rotina e descansar um pouco é o "bate e volta" para a praia, que pode ser sinônimo de diversão e momentos inesquecíveis. No entanto, cuidado nunca é demais, e dar atenção a alguns detalhes pode salvar a viagem de vocês! Para garantir um lindo passeio, escolham uma praia de um destino que não seja tão cheio. Buscar praias menos conhecidas pode ser uma boa ideia para alcançar a tranquilidade desejada e descansar no fim de semana. Nada melhor do que uma viagem curta para renovar as energias e melhorar o humor para enfrentar o dia a dia agitado. Casal, fuja da rotina e coloque o pé na estrada!

☐ O CASAL DEVE VIAJAR PARA LUGARES ROMÂNTICOS E PARADISÍACOS.

Viajar a dois é uma experiência fundamental para qualquer casal e esse tipo de programa só tem a agregar na relação de vocês. Que tal sair da rotina, criar histórias, compartilhar vivências e conhecer lugares paradisíacos com quem você ama? Além de conhecer lugares lindos, vocês também vão desfrutar de muito romantismo.

FAZER UMA VIAGEM SEM PLANEJAR; SAIR SEM DESTINO CERTO.

Caiam na estrada sem ter destino, parando pelo caminho para conhecer lugares diferentes. A espontaneidade é um ingrediente mágico para apimentar o relacionamento, então sempre procurem formas de sair da rotina e buscar o novo, o diferente!

OSTENTAR E JANTAR JUNTOS PELO MENOS UMA VEZ NAQUELE RESTAURANTE CHIQUÉRRIMO QUE VOCÊS SEMPRE QUISERAM IR.

COMER JUNTOS UM ESPAGUETE IGUAL À CENA DA CLÁSSICA ANIMAÇÃO *A DAMA E O VAGABUNDO*.

FAZER JUNTOS UM CURSO DE GASTRONOMIA.

As aulas de gastronomia vão fazer com que o casal seja mais comprometido e disciplinado, despertando um olhar atento para os mínimos detalhes. Muitas dicas e sugestões dessas aulas vocês trarão para a vida pessoal e para o relacionamento. Durante as lições, vocês vão aprender muito sobre temperos para tornar os pratos ainda mais deliciosos, e também sobre como "temperar" o casamento com doses extras de companheirismo e de diversão, para desfrutar ainda mais a vida em comum.

Outros benefícios das aulas de culinária são o reforço da autoestima, o aumento da concentração e a redução da ansiedade. A atividade de cozinhar, por si, pode estimular o foco, a autoconfiança, o comprometimento, o respeito, o compartilhamento de tarefas, o planejamento e o equilíbrio do casal. O mundo da gastronomia trará a vocês habilidades desconhecidas e inexploradas dentro de cada um. Deixe esse mundo da arte de cozinhar contagiar vocês.

Tenho certeza de que farão um paralelo entre as habilidades de cozinhar e as habilidades de um relacionamento e viver experiências incríveis. Deixem a imaginação ir além e desfrutem de um casamento extraordinário. E, é claro, passem a degustar pratos deliciosos sem sair de casa!

- [ ] COMER JUNTOS ALIMENTOS AFRODISÍACOS.

- [ ] FAZER JUNTOS MIOJO À BOLONHESA.

- [ ] COMER JUNTOS PATO NO TUCUPI.

- [ ] COMER JUNTOS EM UM RESTAURANTE JAPONÊS.

- [ ] COMER JUNTOS EM UM RESTAURANTE MEXICANO.

- [ ] COMER JUNTOS EM UM RESTAURANTE INDIANO.

- [ ] COMER JUNTOS EM UM RESTAURANTE CHINÊS.

- [ ] COMER JUNTOS EM UM RESTAURANTE ÁRABE.

- [ ] COMER JUNTOS EM UM RESTAURANTE PORTUGUÊS.

- [ ] COMER JUNTOS UMA FEIJOADA.

- [ ] FAZER UMA SOPA DE LEGUMES EM DUPLA, DE MODO QUE OS DOIS POSSAM ESCOLHER OS INGREDIENTES E TEMPERÁ-LA JUNTOS.

- [ ] COMER *FONDUE* EM UM JANTAR A DOIS COM SEU PAR.

COMER ALGODÃO-DOCE JUNTOS.

COMER MAÇÃ DO AMOR JUNTOS.

O CASAL PODE DESENVOLVER A ESPIRITUALIDADE CRENDO JUNTOS NAS PROMESSAS DE DEUS PARA A VIDA DAQUELES QUE O AMAM.

É BOM QUE O CASAL TENHA PELO MENOS UMA CONTA BANCÁRIA CONJUNTA, PRINCIPALMENTE PARA AS DESPESAS COMUNS DO DIA A DIA.

CONVERSAR SOBRE FINANÇAS E FAZER JUNTOS UM BOM PLANEJAMENTO FINANCEIRO.
Muito se fala no dinheiro como motivo de muitas brigas entre casais. No entanto, quando os parceiros aprendem a planejar a vida financeira juntos, conseguem excelentes resultados. É fundamental que o planejamento financeiro do casal seja feito com a participação dos dois, pois os objetivos e os sonhos devem ser compartilhados. Desta forma, mesmo quando a situação financeira do casal está feia, essa prática faz com que ambos estejam comprometidos com a melhoria das finanças da casa. Já quando a situação financeira é confortável, também é importante que, mesmo com o compartilhamento das contas, cada um tenha uma pequena parcela do orçamento para gastar na sua individualidade com as coisas de que gosta.

Pode ser difícil renunciar a algumas despesas se você não tiver um bom motivo para isso. Agora, experimente começar a poupar com o objetivo de realizar aquela viagem dos sonhos ou qualquer outro desejo que tenha. Você ganha, bem rápido, a motivação necessária para economizar o dinheiro. Procurem buscar muita informação sobre finanças, preparando-se para excelentes decisões ao longo da vida. Isso inclui conhecer as diferentes modalidades de investimentos, de modo que possam guardar dinheiro também para o futuro.

O CASAL DEVE COMPARTILHAR SUAS IDEIAS, E PASSAR SEGURANÇA UM AO OUTRO.

A melhor forma de vocês conhecerem mais um ao outro e fortalecerem o relacionamento é exatamente compartilhando suas ideias. É muito importante vocês entenderem que o fundamento do relacionamento a dois é o diálogo. Compartilhem suas ideias sempre, mesmo que às vezes não achem muito relevante. O importante é chegarem a um consenso juntos. Hoje você compartilha as suas ideias e o outro ouve; amanhã o outro é quem compartilha e você ouve. Assim, vocês entendem um ao outro. Se vocês fizerem sempre dessa forma, vão se conhecer cada vez mais. O casamento ficará gradativamente mais forte, e a viagem a dois, gradualmente mais fácil.

O CASAL PODE E DEVE COMEÇAR JUNTOS UMA PREVIDÊNCIA PRIVADA.

Esse é um investimento a ser considerado para o casal que deseja se preparar para o futuro, e pode servir para muitas outras metas além da aposentadoria. Mas fique atento: ele só vai valer a pena se vocês possuírem metas a longo prazo.

É preciso saber escolher o fundo correto para vocês. Existem ótimos fundos de previdência e outros fundos que rendem pouco e possuem taxas mais altas. Com a previdência privada, você pode se aposentar mais cedo, construir uma reserva monetária e até ser independente economicamente a longo prazo. O importante é procurar uma instituição financeira séria e conversar com o gerente para descobrir as possibilidades. Façam isso juntos para que, no futuro, o casal envelheça com qualidade e conforto financeiro.

O CASAL DEVE JOGAR TÊNIS JUNTOS.

Em uma quadra de tênis, o casal pode jogar em dupla, defendendo o mesmo lado, ou jogar um contra o outro. São lições que podem ser trazidas para o relacionamento no dia a dia. Praticar esportes ao lado da pessoa amada, fazer algo fora da rotina e que faça bem para o corpo e para a mente é extremamente saudável.

FAZER JUNTOS ESQUI AQUÁTICO.

O CASAL PODE FAZER JUNTOS AULAS DE BOXE.

Praticar boxe é uma ótima maneira de ficar em forma e aproveitar a pessoa amada. Fazer exercícios juntos vai estreitar o vínculo com o outro e, ao mesmo tempo, ajudará o casal a ter uma vida mais saudável. Ser ativo com seu parceiro cria uma oportunidade de se divertirem juntos. O casamento evolui quando o casal tem interesses em comum. Façam exercícios juntos e mutuamente poderão ficar motivados e estimulados.

FAZER JUNTOS AULAS DE DEFESA PESSOAL.

ASSISTIR JUNTOS A UMA CORRIDA DE FÓRMULA 1.

ASSISTIR JUNTOS A UMA CORRIDA DE CAVALOS.

VALORIZAR O TEMPO A SÓS DO CASAL.

Aproveitem os momentos a sós para se conectarem um ao outro. Troquem carícias, beijos, abraços e se esqueçam de tudo o que os cerca. Priorizem esses instantes a dois da melhor forma possível.

Assim, os dois terão a oportunidade de estreitar os laços de amor, amizade e cumplicidade que os une e ainda vão conseguir manter a chama da paixão sempre acesa. Estabeleçam dias e horários para sair, passear, ir ao cinema, jantar ou simplesmente aproveitar a companhia da pessoa amada.

Não desistam nunca do tempo a dois; cultivem isso como um tesouro descoberto todos os dias, nos momentos em que se dedicam um ao outro, olhando nos olhos, ouvindo atenciosamente e compartilhando a vida. Se tudo tem seu tempo, não há dúvidas de que isso inclui o tempo para vocês dois. Esse gesto traz equilíbrio ao relacionamento conjugal.

☐ O CASAL DEVE SE AVENTURAR E FAZER UMA TRILHA EM UM LUGAR LINDO E SEGURO.

☐ DESFRUTAR A NUDEZ, UM DO OUTRO, COM MUITO BRILHO, CLASSE E GLAMOUR.

☐ JOGAR FRESCOBOL JUNTOS NA PRAIA.

Esse jogo é excelente para o casal queimar calorias e desenvolver a capacidade cardiovascular, bem como a coordenação motora.

☐ O CASAL PRECISA EXPERIMENTAR A EMOÇÃO DE VOAR DE HELICÓPTERO JUNTOS.

☐ IR AO CIRCO JUNTOS.

Além de voltarem ao tempo de criança, ao se aproximarem do mundo dos malabaristas, equilibristas e palhaços, cada um com diferentes habilidades e técnicas, vocês poderão se inspirar na dinâmica entre eles, que trabalham como uma grande família, sempre em conjunto e em prol do sucesso do espetáculo, assim como deve ser em um casamento. O circo ensina os casais a valorizar o trabalho em equipe e a superação de todos através do esforço. Ao mesmo tempo, ajuda-os a ganhar autonomia e a aceitar suas próprias limitações, melhorando a autoestima de cada um.

- [ ] VISITAR UM PARQUE DE DIVERSÕES JUNTOS. O CASAL VOLTARÁ AOS TEMPOS DE CRIANÇA E SERÁ MARAVILHOSO PARA O RELACIONAMENTO.

- [ ] O CASAL DEVE FAZER UMA LINDA VIAGEM DE AVIÃO JUNTOS.

- [ ] O CASAL DEVE PRATICAR PATINAÇÃO NO GELO JUNTOS.

No gelo, a sintonia precisa ser perfeita. Um deve conhecer todas as ações do outro, acompanhar cada movimento, como se lesse os pensamentos do parceiro. A patinação no gelo fará com que o casal leve essa parceria das pistas para a vida pessoal e o dia a dia. Com isso, o relacionamento ficará cada vez melhor.

- [ ] ANDAR JUNTOS DE JET SKI.

- [ ] EXPERIMENTAR PASSEAR DE STAND UP PADDLE (SUP) NA PRAIA OU NA LAGOA.

- [ ] O CASAL DEVE DISPUTAR UMA CORRIDA DE KART.

Que tal desfrutar de um dia de diversão a dois e trazer um pouco da competitividade e da adrenalina das pistas de corrida para o relacionamento de vocês? Correr de kart proporciona uma disputa saudável entre o casal, além de ser a oportunidade perfeita para provar de uma vez por todas quem realmente é melhor no volante. Qual dos dois vai ficar no lugar mais alto do pódio?

☐ PRATICAR JUNTOS ARCO E FLECHA.

☐ ANDAR JUNTOS DE MONTANHA RUSSA.

☐ ANDAR A CAVALO.

☐ DESCER JUNTOS EM UM TOBOÁGUA.

☐ FAZER UM PASSEIO DE BARCO.

☐ VOAR DE BALÃO.

☐ O CASAL DEVE FAZER UM PASSEIO ROMÂNTICO DE CARRUAGEM.

A carruagem traz um ar de glamour e de conto de fadas. Este veículo clássico inspira muitos sentimentos, principalmente amor e romantismo. Com certeza será um momento único e só de vocês dois. Deixe a imaginação tomar conta desse momento e preparem-se para um dia digno de príncipe e princesa... Vocês merecem.

☐ PASSEAR DE MÃOS DADAS À BEIRA-MAR.

☐ EVITAR ATITUDES DEFENSIVAS COM O CÔNJUGE.

☐ DIZER PARA SEU AMOR QUE ELE OU ELA É A PESSOA MAIS IMPORTANTE DA SUA VIDA.

PERGUNTAR AO SEU CÔNJUGE ANTES DE JOGAR COISAS FORA OU TROCÁ-LAS DE LUGAR.

Vocês estão morando juntos, então o espaço é compartilhado. Portanto, nada de jogar as coisas do outro fora ou reorganizar o espaço do seu jeito sem antes informar a pessoa amada. É uma questão de boa convivência e respeito mútuo.

EVITAR COMENTÁRIOS PEJORATIVOS EM RELAÇÃO AO SEU CÔNJUGE, PRINCIPALMENTE QUANDO ESTIVER EM UMA RODINHA DE AMIGOS OU EM REUNIÃO DE FAMÍLIA.

Os verdadeiros casais não falam mal um do outro; ao contrário disso, eles costumam enaltecer as qualidades do cônjuge, tanto em casa, quanto em público. Há casais despreparados que não compreendem isso, bastando a primeira tempestade para decidirem falar mal e expor o parceiro na frente dos outros.

Há aqueles que, em vez de resolverem seus problemas ao lado do seu amor, procuram familiares, amigos e até mesmo desconhecidos para falarem sobre os defeitos que estão vendo no outro. É preciso lembrar que, quando as falhas de alguém são apontadas, pode haver mais julgamentos pesados e injustos do que propriamente a ajuda que você estava buscando.

Observe como você está destruindo seu casamento quando fala mal do seu cônjuge para os outros, e perceba que nem sempre isso se dá verbalmente. Ofender seu parceiro é uma atitude mesquinha e demonstra ausência de amor e excesso de egoísmo. Mude sua atitude e comece a enfatizar o amor, o cuidado e o respeito pela pessoa que você escolheu para compartilhar a vida. A maior prova de amor pode ser a atitude identificada nos pequenos detalhes. Uma excelente parceria irá elevar o relacionamento com seu par. Evitar que o amor se desvaneça requer tática, atitude e disciplina.

- [ ] O CASAL DEVE PASSEAR DE MARIA FUMAÇA JUNTOS.

Voltar a tempos passados e desfrutar de um passeio de trem como antigamente faz com que recordemos a história, insere um romantismo extra e até ajuda a fortalecer o relacionamento de vocês!

- [ ] O CASAL DEVE PRATICAR JUNTOS *SLACKLINE*.

Vocês vão aprender a atravessar um determinado percurso se equilibrando, treinando o corpo, melhorando a estabilidade e a concentração. E, com certeza, podem transportar esse aprendizado para o dia a dia de vocês.

- [ ] PRIORIZE E INVISTA NA SUA FAMÍLIA.

O casal deve ter ciência de que aquilo que é urgente não pode tomar o lugar daquilo que é importante. Não deixem que as circunstâncias e as pessoas de fora interfiram na dinâmica da sua família.

A família é o berço do amor, da compreensão e do afeto. É o espaço em que as pessoas devem encontrar apoio, lições e aprendizado. As relações familiares devem ser, acima de tudo, saudáveis e proporcionar uma convivência harmônica entre todos os seus membros.

- [ ] O CASAL DEVE EVITAR USAR UM OU OUTRO COMO DESCULPA PARA NÃO IR A CERTOS EVENTOS.

*"Tudo o que nos irrita nos outros pode nos levar a uma compreensão de nós mesmos."*

— CARL JUNG

CADA UM DEVE DESENVOLVER ALGUMAS HABILIDADES INDIVIDUAIS PRÁTICAS PARA SE VIRAR SOZINHO EM ALGUMAS SITUAÇÕES.

É muito importante que vocês aprendam a lavar a suas próprias roupas, que saibam como preparar uma refeição; como fazer compras no supermercado; como fazer uma compra pela internet; como trocar uma lâmpada; como desentupir um vaso sanitário... Não é porque você casou que precisa deixar tudo nas costas do outro.

COLOCAR EM PRÁTICA AQUELE SONHO QUE VOCÊS NUNCA TIVERAM TEMPO DE REALIZAR.

O CASAL DEVE TER EM MENTE QUE DESISTIR É A ÚLTIMA DAS OPÇÕES.

Vocês devem saber que, na vida, desistir é o ato mais covarde e também o mais fácil. Ao invés de desistir, tente, tente, tente outra vez, mais uma, mais uma. Se necessário, tente uma vez mais. A persistência é uma característica das pessoas fortes, aquelas que, mesmo passando por dificuldades, levantam a cabeça e continuam em busca do objetivo.

# AS MUDANÇAS CAUSADAS PELA PANDEMIA EM NOSSAS VIDAS

A pandemia do novo coronavírus gerou um impacto muito grande em todas as áreas da nossa vida e nos obrigou a adequar, adaptar e repensar o nosso dia a dia como casal. Juntos aprendemos todos os cuidados necessários para nos proteger como o uso de máscaras, a importância do álcool em gel para higienização, distanciamento social, cuidados com alimentos e roupas...

No início, sentimos um pouco o impacto de lidar com algo novo, sem muito conhecimento acerca do vírus e da forma como ele traz problemas de saúde em tempo recorde. De uma hora para outra começamos a trabalhar mais em casa, uma praticando a telemedicina, e o outro fazendo palestras, *lives* e aconselhamentos on-line. Aos poucos fomos nos reinventando, com muito diálogo e respeito ao espaço do outro, para que o relacionamento não fosse afetado pela pandemia.

Mudamos a nossa rotina diária, e esse tempo nos aproximou muito como casal, porque nos trouxe um sentimento de cuidado e a necessidade de preservar e proteger um ao outro.

Atualmente, o nosso cotidiano é bem diferente do que era antes, mas tomamos cuidado para que essa situação incontornável não influencie em nosso relacionamento. Hoje somos melhores que ontem e amanhã seremos melhores que hoje. Amamos ainda mais a nossa jornada a dois.

O CASAL DEVE APROVEITAR ESSE MOMENTO DE CONFINAMENTO FORÇADO (PELA PANDEMIA) PARA ADQUIRIR HÁBITOS SAUDÁVEIS.

Com mais tempo em casa, vocês podem — e devem! — reforçar a rotina de alimentação adequada e saudável. Aproveitem para chamar todos de casa para cozinhar, experimentar novas receitas e, todos juntos, saborear e compartilhar um ótimo momento. Será uma refeição em família e o assunto com certeza envolverá a degustação do alimento que cada um fez.

ASSUMIR JUNTOS A LIDERANÇA DA FAMÍLIA EM TEMPO DE PANDEMIA.

É necessário, nesse momento, que os dois assumam o verdadeiro papel de liderança na família e reconheçam que todos dependem de vocês dois o tempo todo. É importante assegurar que o lugar mais seguro de se estar é no seio da família.

Procurem proporcionar momentos de diversão e de lazer, mas também não deixem de distribuir atividades e fazer com que cada membro se sinta responsável por algo. É hora de o casal demonstrar muita troca de carinho, amor e afeto, não apenas entre si, mas com toda a família.

RESPEITAR A INDIVIDUALIDADE UM DO OUTRO.

Nesse momento de isolamento cada pessoa se comporta de uma maneira específica, podendo apresentar estresse e até ansiedade. Por causa do convívio em tempo integral, muitos relacionamentos têm se desgastado. Não deixem que isso aconteça! A hora é de união para que a família saia de tudo isso muito mais forte. Façam do lar a sua fortaleza. E não esqueçam de seguir todo protocolo indicado pelos profissionais de saúde.

ENFRENTAR JUNTOS UMA SITUAÇÃO DE DESEMPREGO OU PERDAS FINANCEIRAS EM TEMPOS DE PANDEMIA.

Ficar desempregado por causa da crise trazida pela pandemia do novo coronavírus é uma situação inesperada que ninguém gostaria de passar. Só que além do impacto financeiro no orçamento da casa, o desemprego também pode afetar o relacionamento entre o casal. Os dois devem superar juntos essa fase difícil e ainda usar isso como combustível para fortalecer ainda mais o relacionamento.

NÃO DEIXAR A PESSOA AMADA FICAR COM A AUTOESTIMA BAIXA E SOFRER MAIS DO QUE O INEVITÁVEL.

É importante que um dos dois sempre mantenha a calma e apoie o outro. Fique ao lado do seu cônjuge e o ajude a administrar esse momento difícil, trabalhando em conjunto para que a vitória logo ocorra. Vocês sairão fortalecidos, tendo aprendido mais do que imaginavam com essa experiência e ainda terão uma união muito mais sólida. Lembrem-se de que vocês se uniram para serem felizes apesar das adversidades.

PROCURAR SER UM PARCEIRO MOTIVADOR, FAZENDO COM QUE O OUTRO VEJA SEMPRE O LADO POSITIVO DE CADA SITUAÇÃO.

É essencial que vocês não percam o foco, imaginando a todo instante que essa circunstância atribulada vai passar. Se necessário, reinventem-se e se preparem para as novas oportunidades que surgirão.

USAR ESSE TEMPO MAIOR DE CONVIVÊNCIA PARA SE ATUALIZAREM.

Aproveitem o recolhimento maior em casa por conta da pandemia para conhecer os avanços tecnológicos, descobrir empregos com mais perspectiva no futuro e pesquisar sobre investimentos que serão inovadores. Vale lembrar que mesmo que a situação não tenha solução aparente, tudo isso vai passar, e é muito importante que os sonhos e os projetos estejam prontos para serem executados no tempo oportuno.

TRABALHAR JUNTOS A SAÚDE MENTAL NESTE MOMENTO DE PANDEMIA.

O casal deve manter a calma e evitar, na medida do possível, assuntos e notícias que causem ansiedade e angústia, principalmente nesse momento de crise. É importante vocês desenharem o futuro juntos. Comecem a buscar coisas que tragam satisfação, bem-estar e ainda bons resultados para os próximos anos. Limpem suas mentes de coisas fúteis e encham de coisas boas, novas ideias, novas esperanças... Não parem de exercitar as mentes para torná-las cada dia mais fortes e criativas. Façam exercícios ao ar livre, mantendo cuidados como o distanciamento social e o uso de máscaras. Tirem um tempo para caminhar juntos e assim cuidar da saúde física e mental.

O CASAL DEVE CRIAR UMA ROTINA PARA O HOME OFFICE.
Essa modalidade de trabalho, que chegou a ainda mais pessoas, vem tirando o sono de muitos casais e famílias. É importante estruturar bem o dia a dia e fazer um planejamento de atividades individuais e a dois.

Vocês precisam pensar como casal, como profissionais, como pais, como família e muito mais... É importante um horário para começar e terminar as demandas profissionais. Ao iniciar um novo dia, tomem banho, troquem de roupa, assim como se vocês estivessem indo normalmente para o trabalho presencial. Já definam e distribuam todas as tarefas extratrabalho a serem feitas naquele dia, quais horários e quem irá executá-las. Desliguem-se do trabalho e foquem nas atividades do casal, da casa e da família assim que acabar o período previsto para o home office.

TOMAR CUIDADO COM O TEMPO DE EXPOSIÇÃO EM FRENTE DAS TELAS
O casal deve diversificar a rotina com atividades variadas, principalmente em um momento de exceção como o que vivemos por causa da pandemia do novo coronavírus. No entanto, isso deve ser feito com sabedoria. Seja vendo filmes e séries na TV e em serviços de streaming, ou conferindo mensagens de grupos no WhatsApp, evitem ficar muito tempo vidrados nos aparelhos eletrônicos.

O excesso de exposição às telas e à enxurrada de informações que temos acesso atualmente são um veneno para a saúde emocional e um dos principais fatores de desconexão entre os casais. Estabeleçam um tempo diário para isso e tentem cumpri-lo. Aproveitem esse tempo de confinamento para beijar, abraçar, dar as mãos, isso tudo é muito importante para seguirem na viagem a dois.

APROVEITAR O TEMPO JUNTOS PARA SE REINVENTAREM.
A pandemia nos trouxe a oportunidade de aumentar o convívio familiar. Mas também trouxe mais desafios para o convívio no lar. É hora de os casais aprenderem e reaprenderem a estarem juntos, compartilhando o mesmo teto por muito mais tempo.

Ficar em casa mais tempo traz, muitas vezes, a sensação de ociosidade. Mas vivemos um tempo diferente, um tempo que necessita de ajuda mútua, sensibilidade, compreensão e entendimento. Se reinventem e sejam felizes. É fundamental o fortalecimento do casal. É tempo de treinar a paciência, a resiliência e o entendimento.

O CASAL DEVE CUIDAR COMO NUNCA DA ÁREA SEXUAL EM TEMPOS DE PANDEMIA.
Estudos recentes mostram que, durante a pandemia, muitos casais em confinamento acabam transando menos do que o normal. Um dos motivos seria que a convivência forçada acaba por trazer à tona desentendimentos, gerando brigas e discussões muitas vezes desnecessárias ou evitáveis. Uma coisa era cada um sair para seu trabalho ou fazer outra atividade qualquer para desanuviar e "deixar a poeira baixar", nem que por apenas algumas horas. Ou tentar melhorar o clima inventando uma ida ao restaurante preferido do parceiro, um dia inteiro no salão de beleza, um cineminha...

Porém, num piscar de olhos, nos vimos em um isolamento a dois praticamente obrigatório por semanas, meses e, talvez, até por anos a fio por causa de uma pandemia assustadora. No início pensamos que viveríamos uma linda lua de mel. Qualquer esforço para reacender a chama é válido. Mas depois vimos que, se o casal não tomar cuidado, a convivência forçada pode abalar até os relacionamentos mais sólidos. A lição que fica é: encarem a quarentena curtindo a companhia um do outro e façam do tempo que passam a sós um momento verdadeiramente íntimo, sem distrações externas.

### A DISTÂNCIA NÃO SIGNIFICA NÃO ESTARMOS JUNTOS, MUITO PELO CONTRÁRIO.

Casais precisam encarar a distância como uma forma de segurança. Manter-se longe um do outro se tornou um grande ato de amor. Se antes os encontros eram diários, e estar perto um do outro fazia parte da rotina, em tempos de pandemia, as ligações de vídeo ganham espaço e os encontros presenciais exigem cuidados. Na viagem a dois, é necessário se reinventar dia após dia e seguir todos os protocolos recomendados para evitar a contaminação com o coronavírus.

### ESTREITAR OS LAÇOS EM TEMPOS DIFÍCEIS

É durante os momentos de incerteza e crises que o casal precisa acreditar que situações difíceis podem contribuir para seu fortalecimento pessoal e espiritual. Procure enxergar na dificuldade a oportunidade perfeita para estreitar ainda mais os laços, amadurecer, aprender e ressignificar o relacionamento. Saibam que a felicidade está nas mãos de vocês! Nunca perca a oportunidade de dizer "eu te amo" para o amor de sua vida!

# CONTATOS

Esperamos que as dicas deste livro tenham sido úteis para vocês e que de alguma forma tenham ajudado a melhorar os seus relacionamentos. Caso tenham interesse em receber mais dicas e aconselhamentos, entrem em contato com JB e Alessandra. Os autores estão disponíveis para realizar palestras e workshops por todo o Brasil, auxiliando outros casais.

Envie um e-mail para: contato@tripfortwoacademy.com e saiba mais!